无可厚非
生活伦理与美学

想要发财
也无可厚非

[美]杰森·布伦南(Jason Brennan)——著

刘婵娟——译

WHY IT'S OK
TO WANT TO BE RICH

中国出版集团
中译出版社

图书在版编目（CIP）数据

想要发财也无可厚非 /（美）杰森·布伦南(Jason Brennan) 著；刘婵娟译 . -- 北京：中译出版社，2024.1

书名原文：Why It's OK to Want to Be Rich

ISBN 978-7-5001-7510-0

Ⅰ . ①想… Ⅱ . ①杰… ②刘… Ⅲ . ①心理学—通俗读物 Ⅳ . ①B84-49

中国国家版本馆CIP数据核字（2023）第179362号

Why It's OK to Want to Be Rich,
1nd Edition / by Jason, Brennan/ 9781138389021
Copyright © 2021 by Taylor & Francis Group LLC.
Authorized translation from English language edition published by Routledge, an imprint of Taylor & Francis Group LLC. All Rights Reserved.
本书原版由 Taylor & Francis 出版集团旗下 Routledge 出版公司出版，并经其授权翻译出版。版权所有，侵权必究。
China Translation &Publishing House is authorized to publish and distribute exclusively the Chinese (Simplified Characters) language edition. This edition is authorized for sale throughout Mainland of China. No part of the publication may be reproduced or distributed by any means, or stored in a database or retrieval system, without the prior written permission of the publisher.
本书中文简体翻译版授权由中译出版社有限公司独家出版并在限在中国大陆地区销售。未经出版者书面许可，不得以任何方式复制或发行本书的任何部分。
Copies of this book sold without a Taylor & Francis sticker on the cover are unauthorized and illegal.
本书封面贴有 Taylor & Francis 公司防伪标签，无标签者不得销售。

著作权合同登记号：图字01-2022-1501

想要发财也无可厚非
XIANGYAO FACAI YE WUKEHOUFEI

出版发行：	中译出版社		
地　　址：	北京市西城区新街口外大街28号普天德胜大厦主楼4层		
电　　话：	（010）68002926	邮　　编：	100044
电子邮箱：	book@ctph.com.cn	网　　址：	http://www.ctph.com.cn
出 版 人：	乔卫兵		
总 策 划：	刘永淳	策划编辑：	周晓宇
责任编辑：	于建军		
封面设计：	潘　峰	内文设计：	宝蕾元
印　　刷：	北京盛通印刷股份有限公司		
经　　销：	新华书店		
规　　格：	880毫米×1230毫米　1/32		
印　　张：	8	版　　次：	2024年1月第1版
字　　数：	139千字	印　　次：	2024年1月第1次
ISBN 978-7-5001-7510-0		定　　价：	48.00元

版权所有　侵权必究

中译出版社

生活伦理与美学丛书
我们生活中的伦理与美学

哲学家们经常试图为不受欢迎的观点提供有说服力的论据。最近出现了一些不婚主义和反对生育的案例,他们善待动物,从美学角度贬低流行艺术。

哲学家们不太能为人类普信的行为提供令人信服的论据,如结婚、生孩子、吃动物和看电影。但是,如果哲学的作用是帮助我们反思人生,并使我们的信仰和行为正当化的话,那么哲学家会忽略大多数人(包括许多哲学家)对生活方式的观点,这似乎很奇怪。

不幸的是,从哲学家们对生活常态的态度可以看出,定义现代社会的方式在很大程度上并未被捍卫,甚至遭到整个学界的谴责。

本着提供改进方案的目的,该系列丛书通俗易懂,逻辑严密，立意新颖，倡导构建广泛的伦理和美学价值观。丛书由短篇组成，此前没有哲学知识的读者，会由此认识到哲学对于我们理解常识和批判现状都很重要。

该系列并非为了让我们对自身的价值沾沾自喜，而是帮助并激励我们更深入地去思考赋予日常生活意义的种种价值观。

目录

想要发财也无可厚非 / 1

第一章　万恶之源 / 3

　　　　仇富 / 11

　　　　盈利不道德 / 13

　　　　金钱代表肮脏 / 16

　　　　你已经是有钱人了 / 19

第二章　金钱之爱 / 25

　　　　制定购物清单 / 29

　　　　充分展示自己 / 结交朋友 / 31

　　　　去适应，去享乐 / 32

　　　　伊斯特林悖论的终结 / 34

　　　　金钱即自由 / 40

　　　　休闲 / 41

　　　　生命与健康 / 43

灯光和书籍 / 45

安全与和平 / 46

文化——以及获得文化的途径 / 50

金钱可以买到爱情吗？/ 52

金钱如何做到让数百万陌生人协同合作？/ 54

欲望与贪婪 / 61

结语 / 63

第三章　金钱是肮脏的吗？金钱会腐蚀人吗？/ 65

海法日托所实验 / 68

市场会让我们变善良吗？/ 71

金钱的本质 / 81

事物的价格和价值 / 84

结语 / 90

第四章　赚钱无可厚非 / 91

僵死世界里的道德沉淀 / 95

近来逝去的道德意识 / 99

利润的启示 / 102

一只看不见的手 / 104

市场竞争——只有合作才有竞争 / 108

利润是衡量附加值的指标 / 112

资本主义是增加财富和破坏利润的机器 / 114

有利可图，利润不良：从资本家手中拯救资本主义 / 117

第五章 富国与穷国 / 125

三个具有误导性的思维实验 / 130

大富裕与大分流 / 133

经济学家的想法：制度理论 / 136

反资源论 / 142

反帝国主义理论 / 144

反奴隶制思想 / 151

过去的罪恶无法成就现在的繁荣 / 164

第六章 要把钱捐出去吗 / 167

对社会负债 / 170

自己奢靡生活而不顾他人死活 / 174

彼得·辛格的基本观点 / 176

"溺水孩子"思想实验 / 180

辛格可能的反应 / 186

当你购买奢侈品或投资时会做什么 / 188

投资和慈善机构 / 189

不要关停世界经济 / 190

为何我们还没有拯救世界？/ 193

维持现状 / 196

第七章　贪婪、嫉妒和怀疑 / 199

我们为何会购买奢侈品？/ 204

追求地位天生令人反感吗？/ 206

追求地位有用吗？/ 207

关于花钱塑造形象的总体想法 / 211

财富永远不够 / 215

结语 / 220

注释 / 221

参考文献 / 231

想要发财也无可厚非

爱指手画脚的说教者声称爱财是万恶之源。他们认为赚大钱的人就要剥削他人,而把钱捐出去就能维护好自己的形象。

在本书中,杰森·布伦南(Jason Brennan)表明了与道德说教者对立的一面。

他认为,通常情况下,你赚的钱越多,为别人做的就越多。即便是一个普通工薪阶层的人,只要忠于职守就能"回馈"社会很多。另外,财富能解放我们,让我们过上真正属于自己的生活。

布伦南还说明了金钱对于塑造更友好、更值得信赖和更有合作精神的公民的作用。在讲述资本主义的新历史学家这部分内容时,布伦南论述了富有的国家富在他们健全的制度,而不是其可怕的奴隶制或殖民主义历史。

布伦南认为,一个人越有钱,就越应该帮助别人。他还认为,我们并不是生来就对社会永久负债的。去变得有钱,去享受有钱,这无可厚非。

第一章

万恶之源

在财富方面，人们表现得异常矛盾。每个人都想发财，但每个人又羞于发财。他们羡慕富人，但又认为富人奸诈狡猾、心怀不轨；他们喜爱奢华，但又将奢侈等同于粗俗卑劣；他们热爱物质财富，但又诋毁物质主义。他们伺机炫富，但又对炫富之人心生厌恶；他们热衷于白手起家的故事，但又鼓吹农民安于清贫的高风亮节，甚至还会对富人千金散尽青睐有加；他们阅读快速致富的书籍，但没有人将金钱视为心灵鸡汤。当戈登·盖克（Gordon Gekko）高呼"贪婪……无上美妙；贪婪，无比正确"时，他们点头称是，但当那个贪婪的混蛋进了监狱后，他们又无不拍手称快。

你当然希望手里的钱越多越好。如果你手里握着的是一张中奖的强力球彩票，你肯定不会把它撕碎，也不会送给附近无家可归的乞丐。如果老板给你加薪20%，你不会说："不，谢谢，我的工资已经够花了。"如果你做的是小本生意，比如，兜售圣保罗T恤¹，它的销售利润突然翻了一番，你肯定认为上帝在保佑你，而不是在诅咒你吧。即使你不公开想法，但你内心也一定想要更多的钱。谁会介意成为富人呢？

我也一样。几年前，我接受了商学院教授一职，因为薪酬是文科学院的两倍。²我得承认：双倍现金并没有让我的快乐加倍。但于我而言，在美国标准的"穷人"和做富人之间，肯定是做富人更胜一筹。

想要发财也无可厚非

话都说到这个份儿上了，还有大多数人会觉得想发财令人不耻。美国梦包括了一夜暴富，或是至少达到财务自由、不用再为钱担心。然而，纵观美国历史，我们对富人心存疑虑。渴望有钱，渴望变得有钱，以及真的有了钱，似乎都很堕落。在礼节性的谈话中，我们最好不要提及致富或者发财的话题。追求财富好比看色情片，大多数人都会偷偷摸摸地看³，羞于承认。

大多数美国人是基督徒。⁴耶稣说过一句话，大意为富人要进入天国，比骆驼穿过针眼还要困难。❶虽然有断章取

---

❶ 耶稣对门徒说："我实在告诉你们，财主进天国是难的。我又告诉你们，骆驼穿过针的眼，比财主进神的国还容易呢！"门徒听见这话，就稀奇得很，说："这样谁能得救呢？"耶稣看着他们说："在人这儿是不能的。在神凡事都能。"——译者注

义之嫌，但大多数人读来就是如此——有钱就是原罪。

与此同时，现在许多美国人赞同"成功福音"的观点。基督徒们认为，只要信仰足够坚定，那么上帝不仅会保佑他们衣食无忧，还会让他们大富大贵。浸礼会牧师拉塞尔·康威尔（Russell Conwell）声称：

> 金钱就是力量，你应该野心勃勃地去赚大笔的钱。这是你应该做的，因为有钱能做更多的好事。有了钱，你就能印刷《圣经》，建造教堂，派遣牧师，给他发薪水；要是没有钱，上述的一切都将是无稽之谈。我一直很乐意教会给我涨薪水，财大气粗的教会总是最容易给人加薪的。在你的生活中，从无例外。薪水最高的人可以用钱所赋予的力量做最多的好事。如果他心怀善意，当然可以把财富尽量用在利他的事情上。[5]

即使到了今天，当你周日早上打开电视时，也可以看到传教士们在老调重弹。只要爱上帝，上帝就会给你豪宅豪车——可不只是普通的房子车子这么简单！很难理解，如果财富使我们灵魂堕落的话，为什么上帝会给我们这些财富。再次强调一遍，在财富方面，美国人总是表现得异常矛盾。

总的来说，历史上许多伟大的道德家似乎都不拜金。

耶稣曾告诉我们温顺善良的人将承继地球,并警告说金钱会腐蚀我们的灵魂。钦定版《圣经》里四次提到金钱是"肮脏的财富"。[6]释迦牟尼也一直过着苦行僧的生活。当代佛教僧侣试图超脱出对金钱的需求。[7]这似乎传递了这样一个信息,在理想的情况下,我们可以克服对财富的需求和渴望。哲学家让-雅克·卢梭(Jean-Jacques Rousseau)声称"创造私有财产是一个巨大的错误"。他认为对金钱的追求会让我们变得虚荣又愚蠢,导致"毁灭性的自恋式利己主义"。哲学家亚瑟·叔本华(Arthur Schopenhauer)警告我们:财富是海水,喝得越多就越渴。卡尔·马克思(Karl Marx)曾预言,终有一天,穷人们会奋起反抗,杀掉所有富人,而后创造一个众生平等的人间大堂。保罗·麦卡特尼(Paul McCartney)❶在歌中唱道:"钱买不到真爱。"——但是他花了4860万美元了结离婚案,买回了单身。[8]"占领华尔街"运动的示威者及伯尼·桑德斯(Bernie Sanders)❷都指责美国那最富有的1%,却没想过桑德斯自己也是那1%。[9]堪萨

---

❶ 保罗·麦卡特尼,全名詹姆斯·保罗·麦卡特尼(James Paul McCartney),1942年6月18日生于英格兰利物浦,英国音乐家、创作歌手及作曲家,前披头士乐队成员。——译者注
❷ 伯尼·桑德斯,代表美国佛蒙特州的联邦参议员,也曾任代表该州的联邦众议员。桑德斯是一位民主社会主义者,也是美国历史上第一名信奉社会主义的参议员。——译者注

斯（Kansas）的老歌《恋恋风尘》（*Dust in Wind*）提醒我们，"当时光溜走，所有的金钱也买不回一分钟"。每个人都说，"钱，生不带来，死不带去"。

本书名为《想要发财也无可厚非》，我个人认为那些吹毛求疵的道德家一定是搞错了，或者至少夸大其词了。金钱是人类最伟大的发明。君子爱财，取之有道，这不仅顺理成章，而且完全合情合理。这些欲望既不会侮辱你，也未必会陷你于不义。如果你看不起金钱，鄙夷那些生财之道，那你就错了——你不明白金钱是什么，钱为我们带来了什么，以及还要做些什么才能赚钱。

斯多葛学派哲学家塞内卡（Seneca）说得对：一个入世之人，既不轻蔑奢华，也不会被奢华所吞噬。塞内卡还说："无法承受巨额财富其实是心理状态不稳定的表现。"[10]如果钱给你带来了麻烦，那问题一定出在你身上，而不是钱。

在此，我将举证以驳斥三个对金钱和财富的普遍偏见。

1. 爱钱是不道德的。爱钱是一种冷漠的物质主义，表现为人们对生活中美好事物无动于衷。生活中的美好事物触手可及，但金钱观破坏了这种美好。

2. 赚钱是不道德的。盈利就是暴利，就意味着剥削。以盈利为目的的赚钱就是在利用和伤害他人。良心企业总是无私地服务于社会。非营利性工作好过营利性工作。商业是肮脏的，唯一让人觉得赚钱不是坏事就是布散出去。

3. 存钱是不道德的。如果你真的发了财，就有责任把大部分钱都捐出去。你追求极简生活，别人才能和你一样极简。决不能自己选朱门酒肉臭，他人选路有冻死骨。你应该回馈生活，而非一味索取。

这些不仅是误解，更是偏见。这些反货币、反市场的观点源于不公平的刻板印象、固有的偏见，或是基于科学发展以前的经济、贸易和货币的实际运作方式。

相反，我认为：

1. 爱钱无可厚非。金钱代表自由。金钱让我们远离生活中的困扰，让我们离理想生活更进一步。爱钱无可厚非，因为可以利用钱买所需无可厚非。

2. 赚钱无可厚非。总的来说，赚得越多，为别人和社会做出的贡献也就越多。赚钱是回馈社会的一种方式，是一件既美好又高尚的事情。普通企业或工薪阶层仅仅通过做好日常工作就已经算是在"回馈社会"了。任何额外的工作，都是附加值。

3. 存钱也无可厚非。当然，我们都有责任帮助那些需要帮助的人。我们拥有的财富越多，责任就越重大，所要提供的帮助也就越多。但是，投资营利性企业本身就是在帮助社会，因为它的产出和回馈常常比大多数慈善活动更长续久存。我们也有享受金钱的特权；我们并非生来就得无尽地报答社会。

我并非说另一方的观点就毫不可取。现实中确实有人难以从金钱中获取快乐，他们被金钱操控而不是被金钱解放，有相当一部分富人致富的手段不光彩，这确实应该受到谴责。我们中许多人，无论是上层还是中产，慈善捐助的力度都远不够。但这并不意味着我们贬低金钱或富人就是正当的。

几乎人人都爱财。但人们爱的不是金钱本身，而是钱能带来的东西：钱能大开便利之门，让我们畅行无阻，给我们提供新机会，机会层出不穷，释放忧虑，庇护我们安全，让他们免受生活的流离。人们喜欢金钱赋予的自由和机遇，帮助他们主宰真正属于自己的人生。人们喜欢金钱赋予他们的身份——成为施予者，而非受予者。

这些人并不是贪得无厌。他们只是想要更多，享有安逸、富足的生活。这显然无可厚非。

仇富

从人们对富人的态度中，可以看出美国人的矛盾心理。我们爱读《人物》杂志。史蒂夫·乔布斯（Steve Jobs）、埃隆·马斯克（Elon Musk）和马克·库班（Mark Cuban）等企业家，我们羡慕他们。但又嘲笑他们，认为他们是不折不扣的坏人（比如史蒂夫·乔布斯之流）。

心理学家亚当·韦兹（Adam Waytz）在《科学美国人》期刊中对这做出了解释。

富人道德的主要问题，与富人本身无关；而与我们普通人有关，与我们对权贵的固有成见有关。比如说，我们对修理洗衣机的人、操着一口阿留申语❶的音乐人或女板球运动员等并没有什么普遍的刻板印象，但对富人保持着相当一致的负面看法，认为他们不值得信任，冷漠至极，甚至会在他们倒霉时幸灾乐祸（例如，当一个商人被出租车开过水坑时溅了一身水——承认吧，你是不是笑了）。富人容易引起羡慕和嫉妒，但是我们无意于成为像他们那样的人。[11]

韦兹并没有在开玩笑。一些心理学家进行了实验，评判我们对他人的不幸是感到开心还是难过。结果证明，我们会因为富人的不幸而感到开心。

富人群体带给我们的刻板印象是：精明强干，而麻木

---

❶ 阿留申语（Aleut）属于爱斯基摩·阿留申语系。美国的阿拉斯加州（Alaska）的州名即来源于阿留申语，意思是"great land"或"that which the seas breaks against"。

不仁。"富人邪恶"一词在谷歌上的点击量为65000；相较之下，"富人善良"一词的点击量只有600左右。

韦兹说，大多数人习惯把富人妖魔化。此时，有关富人更缺乏同情心、冷酷无情的讨论占据了美国新闻的头版头条。我们喜欢阅读那些可以支持自己固有认知的研究：富人都是混蛋。但这些研究中大多数都有方法论上的严重缺陷。事实上，没有有力证据表明富人比其他人更恶劣。那些妖魔化富人的内容铺天盖地，但从来没人在"脸书"这样的平台上指出这些研究的问题，因为大家并不关心。

盈利不道德

搞钱的方法无非就两种：赚或偷。许多人认为，这其实是一回事。即使在自由资本主义的美国，人们也将"盈利"与"罪恶"画上了等号。

研究人员阿米特·巴塔查尔吉（Amit Bhattacharjee）、杰森·达纳（Jason Dana）和乔纳森·巴伦（Jonathan Baron）在著作中指出，大多数美国人都认同他们抱有所谓的"反利润信念"。

也就是说，大多数美国人认为，追求利润"必然与消费者和社会的利益相冲突"。

哲学家和经济学家一直以来都认为，不能根据人们的意图来判断其行动或决策。一位母亲读了伪科学的官样文章后拒绝给孩子接种疫苗，她的本意是保护孩子，但其实是伤害了孩子，好心办了坏事。再比如，你的心脏外科医生是个反社会者，他只关心名誉和金钱。虽然他追名图利，但你不能否认：他还是做了一件好事——拯救了你的性命。

我在下一章中也会提到，在过去的几百年，以营利性为目的的商业活动使得人类的福利事业巨幅增长了30倍。然而，对经济学和世界历史一无所知的普通人通常会做出简单的推断：如果做某事是为了盈利，那一定是坏事；如果不为盈利，那一定是好事。

为了测试"反利润信仰"，巴塔查尔吉、达纳和巴伦首先向受试者提供了一份他们耳熟能详的世界《财富》500强公司名单，并告诉受试者每家公司的利润率。然后，他们要求受试者评估以下事项：1.该公司的存在是否影响了社会的富裕程度；2.该公司是否应当赚取巨额利润；3.该利润是否以牺牲他人为代价；4.利润来源是否因其垄断地位；5.企业经营者是否动机良好。

测试结果表明，被试者普遍认为盈利有弊无利，一家公司赚取的利润越多，就越会被人认为危害社会，否则社会会发展得更好（这纯属无稽之谈）。一个公司的利润越高，就越会被认为这家公司一定有不道德的商业行为，不应该赚这么多钱,他们肯定是垄断了行业才大发横财,而且管理层也都不是什么好人(这也是无稽之谈)。

随后,巴塔查尔吉、达纳和巴伦将受试者对公司的排名及各公司的多米尼社会指数排名进行了比较。多米尼社会指数是一种评估公司社会、环境和雇用实践的公司社会责任指数。该指数并不完美,但它至少是一个使用广泛且值得信赖的、衡量公司商业道德和积极影响的指标。研究中的受试者倾向于认为利润更高的公司一定有更糟糕的口碑。然而,就多米尼社会指数而言,盈利能力较强的公司评级往往更高,而利润较低的公司评级相对较低。

三人的研究并未结束。其他各项实验表明,受试者想当然地认为整个行业的盈利越高,该行业的危害性就越大,就越不恪守商业道德。

他们又进行了另一项实验,让受试者设想四种商业行为。要求一半受试者想象这些公司是非营利性的,另一半想象这些公司是营利性的。然而,他们对这些公司的描述完全一致。然后,他们询问受试者的看法,这些公司对社会是有害还是有益。尽管受试者没有充分证据,但大多数人还是自发得出结论:营利性组织有害,而非营利组织有益于社会。同样,从实验设计中可以看出,受试者没有任何信息、证据或理由得出这样的结论,明明提供的信息别无二致。所以他们的两极评价无疑源于一种纯粹的偏见。

巴塔查尔吉等人最后进行了一项实验,设想两类企业,一类采用了道德的商业行为,另一类采用了不道德的商业行为,要求受试者评估企业盈利能力。受试者估计,不道德的公司会赚很多钱,而道德的公司会赚得更少。

简而言之,以上研究表明,几乎所有美国人,无论是保守派还是自由派,都对盈利存有偏见。在没有证据的情况下,他们主观臆断,认为一家公司的利润越高,那么危害就越大,贡献就越少,行为也就越不道德,且管理层一定动机不纯。他们认为,不道德的商业行为会带来更高的利润,而正当经营则会降低利润。他们自然而然地认为,非营利公司对社会有利。一句话:大多数美国人认为盈利就是不道德的。

金钱代表肮脏

人人爱钱,但西方人却认为钱是亵渎的。

货币不仅仅是一种交易媒介。正如政治理论家迈克尔·桑德尔(Michael Sandel)所说:"市场不仅对商品进行分配,它们还表达了……对交换商品的某种态度。"桑德尔在他的畅销书《金钱不能买什么》(*What Money Can't Buy*)中,以及在他的成本高、营利性强的演讲中,一再声明对某些东西如——肾脏、体育场馆的冠名权、某种人寿保险等定价，本身就是对市场的不敬。哲学家大卫·阿查德（David Archard）则抱怨说，为增加血库储备去购买血液，破坏了献血的社会意义："非市场交易的意义会被市场交易污染。后者所赋予的任何交换物品的货币价值会'渗入'前者并改变其含义。"哲学家伊丽莎白·安德森（Elizabeth Anderson）反对代孕服务，即不孕夫妇雇用一名女性为他们产下胎儿——理由是"女性分娩"的商品化必然意味着对女性的不尊重。

这些哲学家都意在表明，售卖某种东西传达了某种不好的信息。他们认为，那些有价值甚至神圣价值的东西，一旦被定价就不一样了。

他们的基本论点很简单。金钱本身没有价值，只是一种度量工具，就像锤子一样。因此，他们认为，当你为某件东西定价时，是在表达这样东西与金钱具有同等的价值。如果你为拯救一条生命收取1000美元的酬劳，你是在说拯救一条生命——这种神圣的价值，相当于一张1000美元支票的价值——世俗的、纯工具性的价值。因此，那些有价值或神圣的价值的东西，一旦被定价就不一样了，至少哲学家们是这么说的。

这些控诉反映了某种理念：金钱到底有何社会意义。

事实证明，西方人认为货币交易和货币本身是具有个人性的、工具性的和自私性的。特伦斯·米切尔（Terence Mitchell）和艾米·米克尔（Amy Mickel）总结道："从传统经济学的角度来看，金钱作为一种实用的商品，是再普通不过、客观中立的俗世之物。它没什么特别的，只有单纯的数字。"社会学家莫里斯·布洛克（Maurice Bloch）和乔纳森·佩里（Jonathan Perry）持相同观点："对我们来说，问题在于，金钱标志着一种'经济'关系，这种关系本质上是客观的、暂时的，与道德无关，只是数字的计算。"

请注意，以上四人并不赞同金钱意义的相关说法。他们并不是在争论金钱到底是好是坏。相反，他们想要表达的是，金钱的道德意义是多数西方人强加在金钱之上的。然而，事实证明，该意义并不具有普遍性，其他文化（甚至西方的其他时期）都不曾将这种负面、肮脏的含义强加给金钱。在有些文化中，给某样东西定价实际上是表明其具有神圣的意义。但美国人认为金钱是肮脏的，许多人甚至觉得日常的市场交易都令人不齿。

因此，西方人相信金钱会导致腐败也就在情理之中了。他们认为，在人际关系中金钱关系会排斥利他主义和美德，反而会让人变得更险恶、更凶狠、更自私。（事实正相反，实证研究更倾向于表明金钱让我们变得更好。）

你已经是有钱人了

为什么有钱很重要？为爱财之人平反重要吗？

关心这个问题的原因是我们陷入了一种有趣的思维谜团。美国人和大多数其他西方人态度相反。他们想要钱，但认为这不道德。他们钦佩富人，但也诋毁富人。他们相信自由企业制度让美国变得伟大，让西方变得富有，但也认为营利性企业是无恶不作的"恶魔"。

因此，美国的文化本身就具有癫狂、分裂的人格，而作为个体如果一定要做些什么去解决这个矛盾的话——我认为，最好的办法就是消除反货币、反市场、反利润和反富人的偏见。

但还有另外一个原因。至关重要的是，有钱、赚钱和存钱的愿望是否有善恶之分。借助社会科学的研究方法，我们可以判断此类愿望对人是好是坏。

事实上，我在接下来的几章中也会讲到，在一个正常运作的市场体系中，你为自己赚钱，就是为他人创造价值。市场将我们对个人财富的渴望转化为对社会的贡献。但是，如果大多数人不明白这一点，你猜会怎样？他们会恩将仇报，杀鸡取卵。他们会去投票支持监管性的政治体制，而这些体制实则诱使人们为了赚钱而不惜损人利己、危害社会。这将导致他们轻视商人，鼓励初出茅庐的年轻人从事表面光鲜、实际低产值的工作。如果我们继续认为有钱、赚钱或存钱都是不道德的，那我们最终会自取灭亡。如果人们以务农为耻，那么整个社会必将挨饿——道德观点最好能顺应经济发展现状。[12]

但还有另一个原因：当说到"富人"一词时，你会想到杰夫·贝索斯（Jeff Bezos）或奥普拉·温弗瑞（Oprah Winfrey）。但你也应该想到自己。如果你是一个典型的西方人，那么你不仅是当今世界上最富有的人之一，也是有史以来最富有的人之一。你正在享受前所未有的财富和奢侈品。

过去，几乎人人都穷困潦倒、忍饥挨饿。纵观人类历史，几乎人人都生活在现在被联合国称为"极端贫困"的环境中。按照经济学家安格斯·麦迪逊（Angus Maddison）的估算，截至公元元年，世界人均GDP（国内生产总值）——世界人均年经济产出——仅为457美元（以1990年的美元为基准），到1820年上升到712美元。[13]以今日美元计算，扣除通货膨胀和生活成本，这意味着1820年的人均年收入仅为1350美元，这只是平均值。事实上，由于收入的差距，大多数人甚至比这还要穷。

据可靠来源估算，在公元前5000年到公元1800年的6800年里，世界人均国内生产总值几乎翻了一番。[14]之后，它至少又增加了30倍。[15]重要的是，财富不仅会流动，而且会被创造出来。2018年，美国自身的经济生产总量几乎是公元950年全世界经济生产总量的300%，大约是公元1000年世界经济生产总量的80～100倍。[16]我们所累积的巨额财富是先辈们所难以想象的。

如今，一个生活在美国政府所认定的"贫困线"上的美国人，其生活标准大约是1900年的3倍。[17]今天的美国穷人比起100年前我们所认为的中产阶级，生活水平反倒更高。左派经济学家保罗·克鲁格曼（Paul Krugman）在1996年写道：

> 1950年，大多数美国家庭的物质生活水平达不到今天贫困家庭的标准。1996年，贫困家庭的物质生活水平不低于1950年中等家庭的标准，事实就是如此。[18]

经济学家布鲁斯·萨塞尔多特（Bruce Sacerdote）在一篇研究美国过去消费情况的论文中表明，今天的美国人比过去享用了更多的好东西。1960年以后，收入低于中位数（收入较低的50%）的美国家庭平均拥有的汽车数量从0.5辆增加至1.5辆。(而且,不管是不是老人喝了酒后说的胡话,今天的汽车可比那个年代的汽车安全可靠、动力强大、油耗更低。)1960年,只有大约75%的低收入家庭铺设了室内管道,而现在已经普及。尽管每户家庭的人数自1960年以来有所下降,但即使是在较贫穷的家庭中,卧室和浴室的数量也在增加,如今人们拥有了更大的生活空间。

如果我们只看美国所谓的"贫困"家庭(年收入不足20000美元)所拥有的财富呢?截至2005年,生活在官方贫困线以下的美国人,有73.4%拥有至少1辆汽车或卡车,而30.8%拥有2辆或2辆以上汽车或卡车。[19]根据美国人口调查局(United States Census Bureau)的年度房屋调查数据,截至2017年,几乎所有贫困家庭都有电、暖气、冰箱、烤箱、微波炉和炉灶。大约90%的贫困家庭有空调,50%有电动洗碗机,75%有洗衣机和烘干机。即使是在最贫困的家庭(年收入不足10000美元)中,这些数据也几乎没有变化。[20]

美国能源信息管理署(EIA)最新住宅能耗调查显示,美国几乎所有贫困家庭(收入不足20000美元)都拥有了液晶、等离子、LED或投屏电视。一半家庭至少有一部手机或智能手机,一半以上的家庭有一台电脑。[21]

对美国家庭的收入和参与的社会项目调查(包括他们

食物消费和食物缺乏的内容）显示，只有约6%的贫困家庭报告他们"有时"缺乏足够的食物，而约1.5%的贫困家庭报告他们"经常"食不果腹。令人惊讶的是，据2009年的调查，在经济衰退期间，2008年每5个贫困家庭中不到1个，或25名贫困儿童中就有1名经历过至少1次因家境拮据而忍饥挨饿的情况。

我希望情况会有所好转，但是这些数据太可怕了。以前的穷人是饿肚子，许多人死于饥饿和与饥饿有关的疾病。但现在，贫穷不是这个意思了。

美国2018年的贫困标准为单身独居人员年收入为12000美元。生活成本进行调整后，各国收入才有可比性，所谓的美国穷人会跃升至当今世界收入最高的15%。事实上，一个美国人只需年收入36000美元左右即可跻身全球收入最高的1%行列。

因此，在你说"打垮富人"之前，记住你就是富人。这意味着我以上描述的所有担忧，所有那些对富人和赚钱的偏见，都适用于你。问问自己，"渴望有钱、赚钱和存钱是否无可厚非"？这并不是什么抽象的哲学问题，我们不是在讨论主持人罗瑞·格里纳（Lori Greiner）和CEO戴蒙德·约翰（Daymond John）。而是在说我们自己：你我是否是坏人，是否是社会的祸根？像你我这样的富人，是否应该结束养尊处优的生活,学会博施济众?又是否应该为自己的谋生之道感到骄傲或羞愧?

我可不这么认为。想有财、赚钱、存钱,这无可厚非。

想要发财也无可厚非

第二章

金钱之爱

"GDP并不考虑我们孩子的健康、教育……或婚姻的稳定;也不考虑我们关于公共问题争论的智慧,或我们公务员的清廉;它既不衡量我们的勇气、智慧,也不衡量我们对国家的热爱。它衡量一切,但并不包括使我们生活有意义的东西。"

——罗伯特·肯尼迪(Robert Kennedy),1968年[1]

以上引用自参议员兼美国司法部部长罗伯特·肯尼迪的演讲,他想要表达一个观点,尽管他陈述该观点的理由不怎么高尚。[2]

GDP作为衡量经济活动或经济福利水平的一种方式,其实并不全面。正是国民收入之父兼经济学家西蒙·库兹涅茨(Simon Kuznets)提出了这个现代说法,明确指出了其局限性,并警告不要将GDP与富裕程度画上等号。那些抨击指责GDP缺点的人可能没有意识到他们在重复前人的指责。

GDP衡量的其实是清洁工用吸尘器清理房子或保姆帮我们照看孩子的劳动价值；而非自己给自己干活的劳动价值。它衡量每一笔政府财政支出，但不衡量政府的浪费指数。它也无法衡量你在不消费时所能获得的快乐，如在海滩上散步或上网。它衡量的是吸掉的烟、爆了的炸弹，还有关起来的囚犯数量，但它不衡量快乐、爱情、友谊或自由。正如肯尼迪所建议的那样，结论很容易得出：目光短浅地盯着国民生产总值增长的做法是错误的。

由此可以推出：向往财富会让我们远离生活中的美好事物。金钱可以买到劳力士和保时捷，但买不到真正的自尊或他人的尊重。可以买到大麻和羟考酮，但买不到喜悦和快乐。可以买到性，但买不到爱。也许正如肯尼迪的父亲向我们展示的那样，财富在帮助儿子赢得总统职位和参议院之位时起了很大作用，但无法买到真正的荣誉。生活中最好的东西是买不到的。那么，为何不停止追逐金钱，关注真正重要的事情呢？

乍一看，这些考虑都是合理的。但是，让我们仔细考虑当个人和国家有钱的时候和没钱的时候都会发生什么。让我们看看钱和它所代表的真正财富——实际上对人们做了什么，又为人们做了什么。这样审视一番后，我们就会发现金钱可以将人们解放出来。没有它，人们无法大规模通力合作。

制定购物清单

我们先从一个练习开始：列出你能买到的四种物品或服务，不能重复，也不能罗列日常生活必需品——维持生存所必需的食物、水、住所和药品。可以根据下面三个角度来罗列。

1. 值得热爱并滋养人生的。例如，坦白来说，你是否拥有或想拥有什么好东西或服务，它能使你的生活比许多亲朋好友的更美好？

2. 可有可无的，可买可不买。你喜欢它，但没有的话也不会有多大影响。

3. 内心渴望但希望能戒掉的。你渴望拥有它，但你也希望自己能戒掉它。没有它你会生活得更好。

举个例子，我的清单可能是这样的：

1. 基泽尔·韦德吉他（Kiesel Vader）和梅萨/布吉（Mesa/Boogie）JP2C放大器。我从中学就开始弹吉他了。如今，我买得起高端装备，但我在意高品质。无论是在乐队中演奏还是自己弹吉他和贝斯，都能让我心满意足。

2. 我经常光顾的餐馆。我不是美食家，不像有些人那样热衷美食。但我更多属于"我今晚不想做饭"的一类人，而不是"让我们看看有哪些米其林餐厅"的人。

3. 巧克力。如果我能抵制巧克力的诱惑，那肯定会更容易保持身材。

你的清单是什么样的呢？

我的部分观点在于，如果金钱没有让你快乐，可能是因为没有被合理使用罢了。你应该将更多的钱花在清单里的第一项上，而少花在后两项。只要稍微意识到，我们就能利用自己手里的钱获得更多幸福。（例如，新的研究表明，最明智的花钱方式就是将钱用来节省时间。）

如果能合理消费，那么钱就是个好东西。[3] 我们可以把钱比作胶水，说钱不好用就等同于说胶水不好用。当你用胶水粘物品，如修补破碎的花瓶或制作飞机模型时，你会觉得胶水很有用，但过度使用就不好了。

我的观点中更为重要的部分在于，每个人的消费观不一样。当人们抱怨金钱让人堕落时，他们想到的一定是列表中的第二项和第三项，忽略了某些消费可以为生活赋予意义，为我们带来快乐。他们忽略了，这些我们生活中真正的意义和快乐其实是通过"买买买"来获得的，而且我们不必对此感到惭愧。

充分展示自己/结交朋友

环顾周围任何一家商场、机场、公园或大学校园,你都会发现人们乐意为自己钟意的品牌做广告。玩滑板的孩子穿着印花T恤,扎灰色马尾的家伙穿着带有吉布森吉他标志的衬衫,人到中年的职场精英穿着耐克高尔夫球衣。人们想让别人知道他们支持哪些球队,爱好特长有哪些,政治立场如何,去哪儿上学等。我们给自己喜欢的品牌花钱,进而把自己变成行走的广告牌。加拿大社会活动家娜奥米·克莱因(Naomi Klein)和反资本主义组织"广告破坏者"的有识之士表示这种行为令人愤怒。然而"广告破坏者"也在自己的网站上销售自家品牌的T恤和咖啡杯,似乎意味着你可以通过消费表明你喜欢的品牌。

我们不是意图做流行的奴隶,也不是仅仅想标榜个人财富和地位才花钱。这只是我们花钱时的部分想法,但行为比想法有趣得多。

事实上,每个人心目中都设有一个自我形象,期待与别人分享。我们想让别人知道我们来自哪里,我们是谁,我们关心什么,我们为什么感到骄傲,我们反对什么,我们做的是什么。品牌是一种表达自我的语言,让人们得以相互交流。例如，如果我穿上金属乐队（Metallica）的T恤，可能在人群中就不那么籍籍无名了。

各大品牌努力为其产品和服务塑造独特的形象，为其赋予社会意义。苹果传递的信息是前卫、艺术和酷，宝马代表的是兴奋，而梅赛德斯表达的是精致，慈善机构红色产品计划（Product Red）❶则表达了对社会公正的关注，如此种种。当然，各大公司通过塑造这些品牌形象来从我们手中赚钱。但是，我们愿意向别人展示带有它们品牌标志的东西，表明我们很乐意它们从我们手中赚钱。它们为自己的品牌赋予了一种社会意义，然后我们用它们来构建自己的公共形象。

此外，共同的消费观可以让我们走到一起。换句话说，你可能会因为共同的爱好而结识朋友。我穿着马歇尔艺术家T恤带我儿子去参加足球训练，结果加入了两个不同的乐队；通过电音爱好者的在线论坛，我结识了能在线下相聚的朋友。这些都得益于我们有共同的消费观。

去适应，去享乐

如今，西方社会的人生活在前所未有的自由之中。与

---

❶ Product red是一个慈善机构，发起人是U2的Bono，是旨在帮助非洲防治艾滋病的全球基金（Global Fund）。——译者注

老一辈的人不同，我们几乎能随心所欲地决定住所和工作，决定是否要选择传统的生活方式以及我们将成为什么样的人。然而，人们挣脱了经济、文化和政治的枷锁，却似乎并没有沉浸在自由的海洋中，反而感觉内心饱受束缚，我们焦虑不安，神经敏感。

试想一下，过去当你买了一部新手机、一辆新车、一幢新房子，吃到第一口期待已久的大餐，收到第一志愿大学的录取通知书，恋爱，结婚，抱着第一个出生的宝宝……不管哪一件事都会让你感到欣喜若狂，但今时不同往日，现在你却不会有这样的感觉了。看来，我们并不能再自由自在地为过去的成功而欢喜。一段时间后，那些曾经令我们欢欣鼓舞的事情也不会再让我们兴奋了。

第二章 金钱之爱

有证据表明，我们正在心理学家所说的"享乐跑步机"上迈步。其观点是，每个人都有一条衡量幸福的基准线，你我的标准可能不同，而好的事情会提升我们的标准，不好的事情则会降低标准；但随着时间的推移，我们会逐渐回归基准。这就如同在跑步机上跑步，不管如何加速，最终仍然在原地。

毫不夸张地说，诸多研究都表明，生活中的某些事件会产生持久性的影响。不过，另外一些事件的影响则稍纵即逝。大家都有这样的经历：圣诞节早晨收到堆成小山的礼物后，我们欣喜若狂，然而新年还没到来，我们就对它们失去了兴趣。如果是这样的话，我们就有理由怀疑：虽然我们变得比从前富有，但并没有变得更开心。即使美国人的平均收入名列前茅，普通的美国民众是世界上收入最高的那1%，这些钱又给他们带来了什么好处？

伊斯特林悖论的终结

研究财富是否会让人们膨胀，这简直太简单了。然而，要研究财富是否会让人们变得更快乐，可就不那么简单了。关于"幸福"的定义，人们争论不休。它意味着个人幸福吗？是心理上的满足，还是喜悦或愉快呢？再者，我们也无法用一个标尺来衡量人们是否幸福。例如，我们不能把一个享乐计对准你的额头，然后说："啊，现在你的快乐是96.3℃。"

我们能做的顶多是让人们从某一个角度（从总体或者在某一个特定的时间点）对自己的幸福程度进行评分，也许首先还要向他们强调评价的角度，因为这意味着我们希望受试者在这一点上保持一致。当然，这并不是一种完美的测量方法。人们可能会自我欺骗；某些文化规范，如崇尚低调行事或不喜抱怨，也可能会导致人们回答问题时有所保留。

早在1974年，经济学家格雷格·伊斯特林（Greg

Easterlin）❶就开始研究这个问题。基于一系列的研究数据，他指出，金钱无法买到幸福。在他看来，虽然富人普遍比穷人更幸福，但财富的绝对水平并不重要。在较富裕的国家，年收入10万美元的人通常比年收入5万美元的人更幸福。在较贫穷的国家，挣2万美元的人通常比挣1万美元的人更幸福。但是，他的研究表明，在富裕的国家赚10万美元的人并不比在贫穷国家赚2万美元的人幸福多少。简而言之，比邻居更富有会让你快乐，但实际的收入水平却并不重要。

伊斯特林发现，当人们有了足够的钱来满足他们的基本需求和保障安全后，金钱和幸福之间的关系就会趋于稳定。请注意：伊斯特林并不是简简单单地断言，多花1美元，买到的幸福越少，且多1美元对穷人来说往往比对富人来说更有价值。经济学家称这样一种规律为"边际效益递减"。恰恰相反，伊斯特林的意思是，一旦世界各地的人赚到一定的钱，再多的钱对他们的幸福来说也无关紧要，这个钱数相当于如今的1.2万至1.5万美元。这一结论被称为"伊

---

❶ 伊斯特林悖论又叫伊斯特林反论、伊斯特林逆论，是由美国南加州大学经济学教授雷格·伊斯特林在1974年的著作《经济增长可以在多大程度上提高人们的快乐》中提出的，即通常在一个国家内，富人报告的平均幸福和快乐水平高于穷人，但如果进行跨国比较，穷国的幸福水平与富国几乎一样高，其中美国居第一，古巴接近美国，居第二。——译者注

斯特林悖论"。

尽管伊斯特林悖论饱受非议，但长期以来人们依然抱着这样的传统观念，将其广为传播。但是在2008年，经济学家贝齐·史蒂文森（Betsey Stevenson）和贾斯汀·沃尔弗斯（Justin Wolfers）强势发出挑战，似乎是在反驳伊斯特林的发现。诺贝尔奖得主丹尼尔·卡尼曼（Daniel Kahneman）总结了他们的研究成果：

> 最引人注目的结果是，当考虑到人们整体的生活水平时，收入对人们的生活满意度（"生活阶梯"）的影响一点都不小。我们本以为收入的影响很小，因为我们是在国家与国家之间进行比较。事实上我们发现，国与国之间的GDP差异是巨大的，并且它能很好地预测生活满意度的差距。在一份来自126个国家的超过13万人的样本中，个人的生活满意度与他们国家的GDP之间的相关性超过了40%——这在社会科学研究中算是一个非常高的值了。从挪威到塞拉利昂，世界各地的人们显然都以物质富裕这一共同标准来评判自己的生活，GDP越高，生活满意度也就越高。其中隐含的结论是，不同国家的公民并没有在富裕水平这一点上随遇而安，这与我们十年前所知道的情况相悖。我们之前是错的，但到现在才知道。

贝齐·史蒂文森和贾斯汀·沃尔弗斯发现，在世界范围内，一个国家的绝对富裕水平越高，人民往往会越幸福。他们的观点与伊斯特林的大相径庭，因为这不仅仅是在说比邻居富有会更快乐。具体来说，一个典型的富裕国家的人比一个典型的贫穷国家的人更幸福。从世界范围来比较，年薪10万美元的人往往比年薪2万美元的人更幸福。当然，金钱的回报是递减的。然而，金钱举足轻重。正如沃尔弗斯所说：

> 收入差异可以解释为什么布隆迪人的幸福指数是3.5/10，而美国是8/10。在我看来，幸福的鸿沟很容易用巨大的收入差距来解释。那么，我们为什么会有不同的解读呢？[4]

有趣的是，史蒂文森和沃尔弗斯不仅仅发现了金钱和幸福之间有很直接和很强的关联性与影响。他们也发现，富人和来自富裕国家的人更容易觉得自己有人爱，受人尊重，从而不会感到悲伤沮丧；他们更乐意谈论他们遇到过的高兴的事，还有之前他们的日子是如何度过的。

盖洛普公司（Gallup）经常在美国人中开展调查，让人们对自己的幸福程度进行评价，程度分为非常幸福、幸福和不幸福。好消息是，42%家庭收入在1万至2万美元之间的穷人表示他们非常幸福。但随着家庭收入的增加，表示非常幸福的人接近100%，而表示不太幸福的人接近0%。[5]

这样的调查数据可能低估了金钱对我们幸福的影响。经济学家泰勒·考恩（Tyler Cowen）评论说：

> 目前一些研究显示，金钱对幸福的整体影响很小，但这与其说是在评价幸福的本质，不如说体现了语言的本质。举个例子，如果你问肯尼亚人对自己健康的满意程度，你会得到一个很高的满意度报告，与健康国家的比率相差不大，实际上可能会比美国人对自己健康的满意度更高。但这并不是说肯尼亚的医院有什么隐藏的优势，也不是说肯尼亚消灭了疟疾，而只能说明肯尼亚人调整了他们语言使用的方式，因为他们认为自己的健康程度已经很高了。同样，生活在不那么幸福的环境和不那么幸福的社会中的人们，往往不会将自己的幸福目标制定得很高。因此，基于问卷调查的证据会低估较富裕国家人民的幸福程度。

事实上，当我们让人们以1到10分来评价他们的幸福程度时，富人和富裕国家的人确实比穷人和贫穷国家的人打分更高。但是，如果这个差距看起来比你想象的小，那可能是因为幸福是无法衡量的，从而造成了一种假象。或许有些人从事着繁重的体力劳动，食不果腹，闲暇时间少，家里儿童死亡率高，但他们却有着惊人的适应力和幸福感。或者，正如考恩所说的那样，也许他们在定义"幸福"时没有西方富人那么雄心勃勃。富有的西方人相对来说更幸福，但他们对"幸福"这个词所定义的状态要求更高。

无论如何，我们得到的一系列有力证据表明，富人确实更快乐。虽然幸福是买不到的，但有钱能让人更快乐。这是为什么？

心理学家亚伯拉罕·马斯洛（Abraham Maslow）提出，我们有一个"需求层次"。低层次需求是我们急需满足的需求，如保持身体舒适，有足够的空气、食物或水；但高层次需求更有意义，如陪伴、爱、自我实现、自我超越。然而，我们倾向于先追求较低层次的需求，只有在确保这些需求得到满足以后，才会转而追求高层次需求。如果一个人快要窒息而死了，他是不会担心能否找到真爱的。人们在关注是否能找到意义重大、能带来成就感的爱好之前，会尽量确保孩子能吃饱。金钱并不能买到高高在上的东西，但它能做到的是买到生存必需品。而且，金钱确保我们不需要担心这些东西。它赋予我们自由，就算没有给我们十足的保证,也给了我们一个真正的机会,去追求更好的东西。

金钱即自由

哲学家以赛亚·伯林(Isaiah Berlin)提出,以英语为母语的人用"自由"一词能代指数十种不同的事物。例如,我们有时用"自由"代指达成我们目标的力量或能力,当我们说鸟或超人可以自由飞翔时,我们的意思是鸟和超人有飞翔的能力。

哲学家G.A.科恩(G.A.Cohen)说,金钱,或者从本质上来说是财富,就像一张无往不利的通行证。你拥有的钱越多,你能做的事情就越多。

想要组建一支摇滚乐队?你需要花钱购买乐器,你需要花钱来腾出时间学习演奏。想要见世面?你需要花钱去旅行。想欣赏艺术?答案同上。想要享受来自世界各地的美食?你需要花钱找馆子,或者买食材自己动手。想要打造一座美丽的花园吗?想要亲自动手种出食物吗?你需要钱来购买工具、种子、花盆、土壤和空间。

重点不只是一切都要花钱,而是,钱让世界变得更加触手可及。一般来说,你越富有,你的能力就越大。

科恩总结说,有钱等于拥有了一种重要的自由。与祖辈相比，今天的普通人拥有更多真正的选择，关于他将过什么样的生活，他将成为什么样的人，或者在任何特定的时刻想做什么事情。在这种情况下，如今的人们是有史以来最富有的一群人，至少我们比以往的任何人都拥有更多的自由。

那么所有这些财富能够买到什么呢？

休闲

一些人类学家认为，曾经的狩猎采集者拥有大量的休闲时间。他们没有几口人要养活，食物资源丰富，活动范围也不受限制，很容易就能收集到充足的食物。从这个角度来说，人类进入农业社会之后工作量似乎变大了。农业社会可以养活更多的人——尽管刚开始时平均健康水平可能较低——农业社会的人们比狩猎采集者们能做更多的工作。

起初，工业革命似乎加剧了这一趋势——人们的工作时间变得更长了。中世纪英国的农民在播种和收获的季节，或当领主强制要求他们劳动时，就需要从事繁重的劳作。但他们似乎也有很多休息时间，即停工期，尽管休息的同时又极度贫困。当英国开始工业化的进程时，国家能够养活更多的人，但至少在最初，人们的工作时间也在急剧增加。

时间来到1870年。那一年，按人均收入计算，美国是世界上最富有的国家之一,也可以说是有史以来最富有的国家之一。那时美国的GDP以现在的美元计算约为3000美元[6],过去大多数人都贫困潦倒,因此这个数字格外惊人。(事实上,不用说在1870年了,即使在今天,人均3000美元的收入,仍可使你跻身世界收入最高的前一半人群之列。[7])

然而,在19世纪70年代的美国,一般人13岁就开始全职工作,直到去世。一个普通人一年要工作5000个小时,其中2000个小时用来做家务,另外3000个小时则在外面工作赚钱。1871年的普通美国人将一生中61%的时间用于工作,而美国当时是世界上最富有的3个国家之一。他们一生中大约有9.9万个小时休闲时间,却有超过15万个小时的工作时间。[8]

此后发生的事情无须赘言。如今,一个普通的美国人一生中只有不到28%的时间是用于工作的。美国人平均在20岁后开始全职工作,63岁前退休。他们每年的平均工作时间是1870年他们祖辈们的一半——包括在家做家务或是在外面赚钱的时间。他们一生中可以享受约33万个小时休闲时间。这就表示,与美国内战刚结束时的同龄人相比,现在普通美国人预计可以多享受26年以上的休闲时间。请记住这个数字——26年,这还没有包括睡眠时间。[9]

如此充裕的时间,人们可以做些什么呢?他们可能会玩电子游戏或者看网飞（Netflix）的视频，也可能会欣赏百老汇演出或古典音乐，还有可能学习一种乐器或培养一种爱好，甚至可能去做志愿者。他们可能会去迪士尼游玩，或去人迹罕至的地方旅行，也可能什么都不做。如何假期取决于他们自己。也许他们中的一些人会以比其他人更有意义或印象更深刻的方式来利用假期。如此说来，与140年前的美国人相比，我们至少多了25年的休闲时光。

生命与健康

我们有更多休闲时间，还有一部分原因是我们的寿命更长了。

在公元1000年，英国人平均寿命只有26岁。在1900年的美国，平均寿命只有43岁。

然而，这些数字存在些许误导性。那时候人们的确衰老得更快，但是这并不意味着公元1000年时，一个26岁的人已经垂垂老矣。更确切地说，是由于当时5岁以下的儿童死亡率如此之高，以致人们的平均寿命低得惊人。1800年是人类历史上最富有的一年。然而就在这一年，世界各地的每个国家至少有30%的儿童在5岁之前死亡，即使是在最富裕的国家，如美国、荷兰或英国，情况也是如此。在印度，5岁以前儿童的死亡率甚至超过50%。今天，在世界各地，即使在最贫穷的国家，死亡率也要低得多。在美国、荷兰、英国和其他富裕国家，儿童死亡率极低。[10]

在1800年的美国，如果你逃过死神的镰刀，幸运地活到5岁，你可能还能再活40～50年。但即便如此，与今天的人们相比，这可能还是算作英年早逝。

如今，我们的寿命更长，这主要归功于疫苗、更好的营养和更好的卫生条件共同的作用。相较于200多年前，纽约的街道可能有更多的汽车尾气，但是并没有充斥着大肠杆菌的马粪。我们的水和食物是干净的。此外，我们还有针对一些疾病的疫苗，如小儿麻痹症、白喉、麻疹和流感。天花已经绝迹了，此前这种疾病席卷欧洲，还可能是导致至少一半美洲原住民死亡的罪魁祸首。因此，我们不太可能在年轻时患上危及生命的疾病。而且因为营养更全面，我们更有可能从疾病中康复，并且没有生命危险。

在富裕的地方，儿童不再因为食物匮乏而遭受身体或智力发育不良的痛苦。如果说有"痛苦"的话，那就是像美国这样富裕国家的"穷人"更有可能过于肥胖，而不是体重不足。过度肥胖是一个严重问题，曾经属于富人病。格雷格·伊斯特布鲁克（Greg Easterbrook）发现：四代人以前，穷人像篱笆桩一样瘦，他们骨瘦如柴，面容憔悴。对于我们的先辈来说，过度肥胖成为穷人患的病，可能比一架喷气式飞机从跑道上起飞更不可思议。

在西方，人们可以活到八九十岁。很难想象，对于我们的个人自由来说，也就是比起我们能过上自己真正想过的生活来说，还有什么比多活几十年好处更多？

灯光和书籍

诺贝尔经济学奖得主威廉·诺德豪斯（William Nordhaus）指出，现在的夜晚和以前大不相同了。现在，太阳落山以后，生活依然继续。

以前不是这样的，灯光曾经非常昂贵。即使是住在巨大的城堡和宫殿里的国王，也免不了生活在黑暗和阴影中。

从14世纪到现在，"光"的价格下降了1.2万倍。你没看错，确实是1.2万倍。一支普通的蜡烛能产生大约65流明小时的光。对于14世纪早期的英国来说，100万流明小时的光照，相当于现在的5万美元（请记住，当时人均收入以今天的标准计算只有1000美元）。如今，100万流明小时的光，即相当于15400支蜡烛发出的光，只需花费你几美元。在公元1300年到1800年，光的价格开始下降。而在公元1800年到1900年，价格急剧下降。从公元1900年到今天，随着电力的普及，"光"的价格下降幅度更是惊人。

想想这意味着什么。今天，我们喜欢在孩子睡觉前给他们读书。在公元1300年,大多数人买不起灯。他们也买不起书,而且通常都是文盲。

在这一点上,现在的书比以往任何时候都多。部分原因是现在实体书很便宜,由于印刷机的出现和印刷技术的进步,印刷一本书的成本不到700年前的1/300。

如今你只能看纸质书。如果你可以上网并且拥有智能设备,如电脑、智能手机或平板电脑,你可以合法地免费得到几乎任何一本旧书的电子版。如果你知道去哪里找的话,你还可以免费获得几乎任何一本新书的电子版,包括你手中的这本,不过,我在劳特利奇(Routledge)的编辑劝你最好不要这样做。

安全与和平

我们在收看电视新闻时,会看到世界上许多地方发生着武装冲突。你可能会因此产生错觉,事实上,我们生活在历史上最和平的年代。心理学家斯蒂芬·平克(Stephen Pinker)指出:

> 许多知识分子已经接受了当地人和平、平等和热爱生态的形象。但是在过去的20年里,人类学家们收集了建国前社会出生与死亡的数据,而不去接受温和

而模糊的老一套观念。他们发现了什么呢？简而言之：霍布斯是对的，卢梭是错的。

迄今为止，我们最确凿的人类学的证据表明，狩猎采集者往往也是勇士和掠夺者。随着城邦和民族国家的出现，人类发动战争的倾向并没有消失。国家有能力组织大规模的战争，科技的进步也使得勇士们更具杀伤力。狩猎采集者可以谋杀和掠夺整个邻近的部落，而在第二次世界大战结束时，一架轰炸机可以用一枚炸弹摧毁整个城市。

然而，今天死于战争或武装战斗的人比过去少了。劳伦斯·基利（Lawrence Keeley）等考古学家指出，在当代狩猎采集部落（与我们过去最接近的部落）中，男性死于战争和武装冲突的比例高达60%。而尽管20世纪的欧洲人经历了两次毁灭性的世界大战，这一数字仅为百分之几。今天，尽管许多国家爆发内战，阿富汗地区的战争似乎也永无休止，因武装冲突而死的人仅占十万分之一，低于1950年的十万分之二十二。[11]

关于因武装冲突而死亡的人越来越少，社会科学家们对此意见不一。但是，财富一定在其中起作用。随着人们越来越富有，他们在武装冲突中得到的越来越少，失去的却越来越多。想想典型的末日来临的恐怖电影，当人们对剩余资源绝望的时候,就会各自为战。现在,反过来想想,假设资源、财富和机会变得越来越丰富,又会发生什么事?人们发动战争的欲望会逐渐消失。富裕的社会使和平贸易与合作的生活更有保障,更加有益。

财富不仅使人类社会更加和平,也使我们在地球上的生活更加安全。国际灾害数据库的数据显示,与天气有关的灾害的数量确实在增加,不过20世纪60年代以前的数据相对较少。然而,尽管气候变暖,气候环境在某种意义上相较之前糟糕得多,但现在死于自然灾害的人数似乎仍然远远低于100年前。[12]背后的主要原因在于,财富的增加使人们能够买得起更好、更安全和更抗灾的住房。财富允许政府建立更好的基础设施,帮助人们远离这些危险。财富使人们有知识和能力逃离某些即将来临的灾难,比如飓风。[13]

此外,与工作和交通有关的事故也减少了。与100年前相比,现在人们在工作中受重伤的可能性大大降低。[14]部分原因是随着我们变得更加富有,我们转而从事危险性更小的工作。另外,部分原因在于,随着我们变得更加富有,我们可以负担更多的安全设备,从而降低高风险工作的危险性。

在我写这本书的时候,地球仍在变暖。我们有充分的理由相信,未来的气候条件将更加恶劣,更加不适宜人类生存。然而，尽管未来气候灾害的严重程度将高于今天，但我们所能得到的最可靠的经济数据表明，我们的大多数后代仍将比我们富裕得多。

威廉·诺德豪斯因其在气候变化经济学方面的成果而获得了诺贝尔奖。他让读者想象一下，如果我们不采取措施减少温室气体排放，将会发生什么？他说："在不受控制的（基准）情况下，如果全球气温在1900年的水平上上升3.4℃，那么2095年的损失估计为12万亿美元，相当于全球产出的2.8%。"因此，诺德豪斯估计以2010年的标准计算，2095年的世界产值将达到450万亿美元，这意味着他假设年增长率为2.5%。根据诺德豪斯的假设，即使我们不采取任何措施来应对气候变化，到2095年人们的生活也会比现在好得多。如果世界经济继续以2.5%的保守速度增长，而且根据联合国的预测，世界人口将达到112亿，那么到2095年，世界人口的平均生活水平将与德国人或加拿大人现在的平均生活水平相当。

《2007年斯特恩气候变化经济学评论》（*2007 Stern Review on the Economics of Climate Change*）给出的预测则更为悲观：到2100年，气候变化将使经济产出减少20%。但这并不意味着2100年的世界产值将比2007年低20%。相反，这意味着与碳排放和温度没有上升的假设基数相比，气候变化将使世界产值到2100年下降20%。

当然，诺德豪斯和斯特恩（Stern）相信，我们应该采取措施来应对气候变化，我对此也表示赞成。但我的观点仍然是，即使工业化在带来经济增长的同时使气候条件恶化，它还是减轻了气候对我们的伤害。

文化——以及获得文化的途径

在现代经济学的奠基之作《国富论》中，亚当·斯密（Adam Smith）说过，劳动分工受到市场规模的限制。这一点也同样适用于文化产品。现在世界上人口更多，人们的寿命更长，人们有更多的金钱和休闲时间用于文化产品的消费。

这意味着什么？正如经济学家戴尔德丽·麦克洛斯基（Deirdre McCloskey）计算的那样，世界文化市场比公元1000年前大了约9000%。

哲学家让-雅克·卢梭认为，商业社会让人们变得虚荣、愚蠢、操纵欲强，以及沉迷于一些细枝末节的事情。他并没有为这个结论提出事实证据，而只是看着窗外，对他的邻居们摇摇手指。但这是一个有趣的假设，即使卢梭没有给我们提供任何相信他的理由：也许文化市场更大，但我们生产和消费的文化可没有变好9000倍。

泰勒·考恩从经济分析的角度来解释艺术、音乐和食品的发展。对此，他会回答：是的，得益于更大的文化市场，泰勒·斯威夫特（Taylor Swift）和其他所有你认为乏味无趣的艺术家得以广为人知。同样，纳斯卡赛事和所有你认为无耻下流的运动和表演也因此步入人们的视野。此外，士力架巧克力棒和所有你认为庸俗不堪的食物也畅销全球。但同时，它也造就了所有你认为是天才的人。毕竟，莫扎特（Mozart）、贝多芬（Beethoven）、米开朗琪罗（Michelangelo）、莎士比亚（Shakespeare）等天资超凡的人都是以盈利为目的的商人。今天，美国的经济比卢梭时代的日内瓦更加商业化。然而，与卢梭同时代的孩子相比，如今在工人阶级家庭出生的孩子更有可能读卢梭的书。

在大多数社会中，艺术和文化发展中心往往也是贸易的中心，这并非巧合。毕竟，贸易城市是把不同思想的人们聚集在一起的地方。人们会遇到新的想法，从别人那里借鉴，然后把他们自己和别人的想法合成新的文化产品。毫不意外，古希腊艺术发展的中心是雅典，而不是斯巴达，或者你在首尔会比起在平壤，或者在纽约比起在莫斯科能创造出更多的文化和艺术作品。

今天，由于财富的增加和由财富增加所带来的技术创新,你已经对世界上的大部分文化了如指掌。想听一种新形式的音乐吗?简单得很。在19世纪,如果你有幸有一个会演奏乐器的邻居,而且他还买得起乐器,你才能聆听音乐。在20世纪50年代,你只能听收音机,在当地商店里挑选有限的专辑。现在,因为有音乐平台和相关服务平台,你可以在任何地方免费听任何音乐。

金钱可以买到爱情吗?

虽然你无法买到真正的爱情,但拥有更多的钱往往更容易拥有一段幸福美满的婚姻。

《婚姻:全有或全无》(*The All or Nothing Marriage*)一书的作者,心理学家伊莱·芬克尔(Eli Finkel)指出,在过去的几千年里,我们对美好婚姻的标准已经大大提高了。在过去,人们只想要能陪伴和分工合作的伙伴。现在,他们期待在婚姻中提供情感支持,帮助彼此自我实现,互相欣赏的伴侣,以及能在婚姻中成为更好的自己。这个要求很高——西方世界较高的离婚率在某种程度上反映了一个事实,即我们对婚姻的要求比大多数人合理预期得要高得多。

问题在于,富人比穷人更有可能实现他们对婚姻的这种高期待。部分原因可能帮助你跻身上层或上层阶级的那些特点,如自律、毅力、情绪控制、情商、智力程度,也能帮助成为好的结婚对象。人们,特别是勤勤恳恳的人们,不会随便找个人结婚,认真负责、深思熟虑的人往往会找一个相似的人步入婚姻的殿堂。

但是,与此同时,有充分的证据表明,金钱本身也会对婚姻产生影响。金钱问题是婚姻中造成压力和纷争的最大源头之一。较高的收入往往让人们免受这些压力的影响。俗话说得好,钱多问题少。芬克尔指出,富人的离婚率比穷人低得多,并且富人的婚姻满意率比穷人高得多。他解释道:

> 并不是穷人不了解婚姻的重要性,也不是美国穷人和富人心目中的美好婚姻相差甚远。问题是自1980年以来,各种不平等现象加剧,失业率上升,人们需要周旋于多份工作中,使得不太富裕的美国人越来越难以投入时间和其他资源来维持牢固的婚姻关系。[15]

在美国,结婚率总的来说呈持续下降趋势。而高收入女性的结婚率有小幅提高,高收入男性的结婚率却小幅下降。正如凯瑟琳·兰佩尔(Catherine Rampell)在《纽约时报》(*New York Times*)经济板块的博客上写道:"婚姻是为富人准备的。有钱的男士与多金的女士结婚,为他们和他们的孩子创造更加富有的家庭。而穷人依旧贫穷和孤独。"[16]

金钱如何做到让数百万陌生人协同合作？

每当谈论到市场经济，人们经常强调的是公司之间的竞争。其实，当竞争对象变成少数人时，你的每次行动都在与看不见的数百万人合作。从根本上讲，经济是一个由人们共同运作的系统。人类不是一般的社会动物，是可以与规模庞大至数十亿的陌生人协同工作的。

想想一个再简单不过的物品——一支2号铅笔。记者伦纳德·里德（Leonard Read）指出，尽管可能只有几百人意识到，这支铅笔是由数以百万计的人协同而生产出来的。开采铁矿的人在制造铅笔涂料的机器中为滚珠轴承提供原料，但他不知道自己其实是在帮忙制造铅笔。教授工程师们设计了用于切割木材的电锯刀片，但他并不知道是在帮助制造铅笔。虽然与数百万计协同工作，制造即便是最简单的物品，也只有极少数人知道他们的价值所在。

制作铅笔的过程非常复杂，以至于无人知晓如何从头开始制作铅笔。一个人即使有心尝试，但恐怕有生之年他都难以完成这项壮举。但人们可以联合起来，于是小到铅笔、计算机，大到喷气机，都能被制造出来。

这是怎么实现的呢？正常运行的经济体系，也即一个正常运作的合作体系,一般需要三样东西。

1. 信息:必须向个体发出他们需要做什么的信号指令。

2. 奖励:必须有能引导人们根据该信息来采取行动的某种正向措施。

3. 学习:必须纠正人们的错误,并教会人们如何去更好地处理信息,获取动力。

现代市场经济通过以下三种机制来满足这些需求。

1. 信息:市场价格。

2. 奖励:在个人认知内,获得私人财产和财富供己支配的能力。

3. 学习:利润和损失。

简而言之,这意味着,金钱能使人类能够与数十亿人大规模进行协同合作。解释如下:

> 即使你从未上过经济学课,也有可能听说过市场价格是供应和需求的函数。市场价格不是由经理随意设定的数字。[17]沃尔玛的经理可以在电视机上贴上价格标签,但他不能决定电视机就真的会以这个价格出售。

供给与需求的市场力量是由我们决定的,当我们对周围的世界做出反应时,作为个体会根据自己不同的认知和愿望行事。我们每个人都有认知，都有愿望。这是人的两种基本倾向。在同等条件下，当东西变得非常昂贵时，我们倾向于不再追求它们，改为寻找替代品。例如，如果这本书的价格是100美元或500美元，购买或阅读它的人就会减少。如果一切顺利的话，当物价上涨时，我们则更愿意自己去生产这些商品和服务。例如，当得知沃尔玛要付给收银员每小时1500美元的工资时，我情愿辞去那轻松的教授职位——虽然那是我的理想工作——在沃尔玛工作。供需的力量是由经济制度中每个人在信息已知的情况下，在经过权衡后做出的选择来决定的做出的所有选择。

这意味着，市场价格以人们对商品的需求为中心，传递了商品是否稀缺的信息。因此，市场价格告诉生产者和消费者，如何根据其他人的愿望和需求来调整行为。而且，重要的是，当他们这样做时，市场上的参与者不需要了解价格的形成机制。除了经济学家之外，很少有人理解市场价格概括了市场中每个人的知识和需求的信息。但人们是根据市场提供的信息和信号来行事的，尽管他们不知道价格就是一种信号。

例如，假设锡矿发生了灾难，或者矿工发现越来越难找到锡矿。因为奇货可居，锡的价格自然就水涨船高。因为人们只有在有利可图的情况下才会供应锡，而鉴于灾难发生的概率,只有抬高价格才会有利可图。这时,有人想出了一种更便宜、更简便的方法来从铝土矿中分离出铝,来代替锡。与此同时,新工艺使制造纯铝的成本降低,铝的价格下降,因此生产商可以以更低的价格获利。(在1824年,也就是铝被发现的那一年,尽管铝是地壳中第三种最常见的金属,但生产纯铝的成本却高得惊人。因此,铝被视作贵重金属——这就解释了华盛顿纪念碑上的帽子为何是铝而不是银或金的。)

当锡的价格上升而铝的价格下降时,可口可乐、金宝汤和其他客户将产品材料从锡换作铝。因此,人们保护资源更稀缺的(锡),转而使用资源更丰富的(铝)。只有那些真正必须要用锡的人(指从锡中获利最大的人)才会继续购买锡。因此,价格促使每个人节约资源,并确保更稀缺的资源流向能创造更高价值的用户。可口可乐公司和金宝汤公司甚至不需要知道锡突然涨价而铝如此便宜的原因。他们只需要根据价格,相应地调整他们的运营情况。

此外,为了追求利润,可口可乐公司也会想方设法地少用铝。毕竟,它使用的铝越少,它需要支付的费用就越少,它的利润也就越多。事实上,正是出于这个原因,现在的汽水罐使用的铝比50年前少得多。尽管金属含量更低,现在的汽水罐有一个弯曲的顶部和底部(与50年前的直筒相反),

但仍然可以堆得很高。这并不是因为可口可乐公司的管理人员注重环保，而是因为他们知道，如果他们能够降低成本，就会获得更多的利润，市场价格会促使他们厉行节约。

或者，假设停电了。你不希望你的冰镇葡萄酒变热，所以你赶紧去商店买冰。但当你到了商店，你发现冰块的售价竟高达12美元1袋。[18]你可能会觉得不值得为酒买冰。但你没有意识到，选择不买冰块，你就把它留给了需要冰块来冷却胰岛素的糖尿病患者。

想要发财也无可厚非

在市场中，没有主要规划者，没有专人或委员会负责。但这并不意味着市场经济无计划可言。相反，在全球市场经济中，有73亿规划者。市场上的每个人都把握着不同的经济信息，如关于当地的机会和成本，特别是有关自己的需求和欲求。为了经济系统的运行，这种分散的信息必须被传递给所有其他的个体规划者。当经济学家说价格是供给和需求的函数时，他们的意思是价格将这种分散的信息传递给了每个人。在市场中，价格是衡量价值的标准。

我将在下一章中花更多时间讨论利润的含义。但请记住，在上一章中，典型的美国人认为"利润"一词是肮脏的，他们把利润和剥削、欺骗、社会危害画上等号。他们倒也没错，在特殊情况下，在人们欺骗他人或钻制度的空子的情况下，利润确实意味着肮脏。但如果认为利润只是肮脏的代名词，那就大错特错了。

相反，以下是利润的运作方式。假设你正在考虑成为一名艺术家，砸碎新苹果电脑，并用其来制作雕塑。你购买笔记本电脑，把它们砸成碎片，然后把它们重新组装成乔布斯的雕像，然后你拿它们去市场上销售。假设每个雕像的制作成本为10万美元。只有在认为你的雕像价值高于他们必须支付的价格时，人们才会买单。反过来讲，只有当你赚到的钱高于制作雕像的成本时，你才会继续出售这些雕像。

假设你惊喜地发现人们喜欢雕像，而且他们愿意为每个雕像支付20万美元。这意味着大多数买家对你的雕像的估价超过20万美元，而购买的人对它们的估价不会低于这个价格（否则他们就不会购买了）。所以，在这种情况下，你在每个雕像上赚了10万美元的利润（利润等于收入减去成本）。同时，这意味着你把价值10万美元的零件和劳动力转化为价值20万美元的物品。在这种情况下，你赚取利润的事实本身就证明了你在创造价值，证明你在为世界增加价值。利润是对你的奖励，因为你找到了一种方法，把人们重视的东西拿出来，并将其转化为他们更重视的东西。只要你继续这样做，只要你让其他人过得更好，你就能赚到利润。

然而，更现实的问题是，没有人愿意以超过10万美元的价格来购买你的雕像。你最多只能在跳蚤市场上赚到10

美元，尽管你制作每个雕像花了10万美元。在这种情况下，每卖出一个雕像，你就要损失99990美元。因此，你不但没有盈利，反而还亏本了，你可能会放弃制作这些雕像。请注意，重要的是，问题不仅仅是你在赔钱。相反，这里说的损失（非利润），意味着你让局面更加糟糕。你把别人高度重视的东西，变成他们根本不在乎的。你不但没有创造价值，反而破坏了价值。

简而言之，"利润和亏本"机制对于让人们创造价值至关重要。盈利是人们为他人创造价值的奖励，而亏本则是对人们破坏价值的惩罚。

记住，经济机制需要信息、奖励和学习机制。在市场经济中，信息通过市场价格传递，而盈利或亏损作为学习机制，用于纠正人们的行为，让他们可以更好地展开长期合作。然而，从理论上讲，经济体可以通过除信息、奖励和学习外的其他一些机制来运作。

例如，在自己家里，家庭成员可以直接看到其他人的需求。我们的所作所为皆出自爱，而非私有财产。而且我们可以使用社会奖惩措施——如充满爱意或愤怒的话语来纠正彼此的行为。我们的四人世界中，不搞市场经营那一套。

但这些机制在1000人的规模上不起作用，更不用说73

亿人。就我们所知，只有通过市场价格才能协调好73亿人的经济市场。

你可能会想，好吧，如果我们有一个人，或者一个聪明的经济学家委员会，来规划整个经济呢？经济学家在20世纪发现，这根本就行不通。问题是，规划整个经济的任务对于少数人来说实在过于复杂。如果计划经济规定价格，而这些价格并没有起到衡量的作用。人为的、政府规定的价格没有传递任何关于稀缺性或需求的信息。没有真实价格，规划者就无法进行可靠性经济性计算。没有价格体系，他们就不能判定是生产苹果还是橘子更有利。主要规划者怎么知道做鞋是用塑料还是金属铲子，是用金丝还是铝丝，是用皮革还是帆布？这就要求人们牢记整个系统中所有不同生产要素的数量和质量，因地制宜，同时遍历所有可能的组合或排列。答案很简单，就是他们不知道。这就是为什么指令式经济和中央调控计划从来没有成功过。即使是苏联和其他所谓的社会主义国家，最终也不得不通过各种方式，依靠市场和市场价格来做出调节。

欲望与贪婪

当我们发现金钱和财富都能给我们带来什么的时候，欲望的产生就变得合情合理了。

然而，欲望的形式有好有坏，要区别以下两种情况。

1. 从绝对意义上来说，杰夫想要更多的财富。

2. 杰夫希望拥有比凯特更多的财富。

从绝对意义来看，欲望的存在可以视为一件好事。从理论上来说，天下大同、人人富裕是可以实现的。在现实生活中，我们所有人都已经如愿以偿了。

但与之相对，贪婪是一件坏事。因为贪婪不是为了更好地生活，而只是为了能拥有比别人更高的地位和更好的生活。贪婪之心只有通过竞争才能得到满足。我们可以实现所有改善生活的愿望，但我们不能满足所有的贪婪之心。一旦我们不再享受财富为我们带来的好处，而是专注于追名逐利，那么财富对我们来说，就从解放工具变成了一种冲突机制。

当凯特现有情况不变时，如果杰夫渴望拥有比凯特更多的东西，他可以通过获得更多的东西来满足这个愿望。但如果凯特失去了一切，那么即便杰夫没有任何获益，他也会很高兴。

我想说的是，我们有理由怀疑对金钱的某些欲望。但我们要区分想过得更好是无可厚非的，想要比别人过得更好，就另当别论。

结语

从1800多年前至今,经济学家们都在尝试理解金钱的定义和作用,使徒保罗❶(Apostle Paul)写道:"喜爱金钱是万恶之源。"毫无疑问,他是正确的,过于贪婪会腐蚀我们每个人的灵魂。有些人为了获得更多财富几乎愿意倾尽一切。无论你是为了金钱、名利、爱情,还是为了教会的利益,只要你说:"我愿意做任何事!"那么"魔鬼"就会缠上你,就是这样。

但保罗忽略了金钱和它所代表的真正的财富所能带来的好处。金钱即自由,它能为我们买到和平、安全、机会、休闲,让我们做有意义和价值的工作,体验不同文化。虽然金钱买不到真爱,但它却能让你获得一次成功的机会。在马斯洛需求层次理论中,金钱能最大限度地满足我们的底层生活需求(温饱),从而使我们能够努力实现金字塔上的更高价值。金钱甚至是将人们联系在一起的基本黏合剂,它不但让人们能够共同工作,甚至为此提供了驱动力。我们有什么理由不爱它呢?

最后,我想说的是,如果你讨厌金钱,甚至对其漠不关心,那么你一定还没弄清楚金钱到底有什么作用,或是你

---

❶ 使徒保罗是耶稣基督同时代的人,有著名的三次宣教之旅。——译者注

的价值观有悖于常人。对金钱的憎恨也许不是一切罪恶的根源，但是因误导而产生的对金钱的憎恨，的确是一种巨大的罪恶。

目前为止，我一直在论证热爱金钱的合理性，因为金钱可以买到万物、实现梦想。尽管如此，有些人还是会反驳认为，金钱或物质财富是邪恶的，因为从某种程度上来说，它们侵蚀了我们的人格。我们将在下一章更详细地讨论该观点。

第三章

金钱是肮脏的吗?
金钱会腐蚀人吗?

在一个高度市场化的社会中，人们从事生产活动的动机直接源于一种由贪婪和恐惧构成的混合物。这些是市场凸显出来的，包括对家庭的贪婪和对家庭安全的恐惧。甚至如果人们的这些担忧超过对自己的担忧的话，那么市场的大趋势在他眼中就会变得贪婪而恐怖，因为站在这个人的对立面的市场交易者将会被看作潜在的致富资源以及阻碍他的成功的威胁。这些看待他人的方式未免过于可怕。

——G.A.科恩（2008）

在上一章中，我论证了爱钱是有道理的。金钱为大规模协作提供了可能性。它为我们买到了自由、文化、安全、休闲和和平。它隔离了许多威胁和危险，从而让我们更轻易地享受到爱情和友谊。

但是，许多读者可能会认为，金钱仍然存在铜臭味。他们的反驳理由可能基于以下两方面：

1. 金钱和财富腐蚀了我们。这种观点认为，在人际交往中掺杂金钱和利益会使人们变得更肮脏、更卑鄙、更自私。

2. 金钱意味着不洁和亵渎。根据我在第一章提到的这种观点，金钱具有社会意义。给某样物品标上价格，就意味着该物品本身并没有价值，而只是一种用于消费的商品，只是具有工具性的价值而已。

如果以上属实的话，那么不妨保留一些对金钱和物质的信任，毕竟这两条控诉也经不起推敲。

海法日托所实验

支持"金钱令人腐蚀"这一观点的人喜欢引用20世纪70年代的一项研究。据称，这项研究表明将金钱引入先前存在的关系中会使人堕落，变得更加自私和冷漠。

在20世纪70年代，以色列海法的一些日托机构面临着一个很棘手的问题：有太多的父母在接孩子的时候会迟到。当时，家长们还不会因为晚接孩子而受到经济处罚。随后，一些经济学家做了一个实验来观察经济处罚是否会改变父母的行为。

不出所料，规定罚款会减少迟接孩子的家长数量。罚金越高，被迟接的孩子就越少，家长迟到的次数也就越少。毕竟，一个简单的微观经济学就足以解释这一现象。一般来说，东西越贵，人们对它的需求就越少。如果迟接的"价格"为0美元，其"需求量"为每天10个。那么当迟接的价格为1美元/小时的时候，"需求量"会变得更低，不是吗？

但这并不是研究的结果。起初，经济学家们增加了一个小小的罚款措施，并且还根据通货膨胀进行了调整，罚款数额按今天的货币计算，只有不到10美元。

出乎他们意料的是，当这种小规模的罚款开始实施后，迟到的人数增加了，增加了一倍多。但当罚款增加到一个难以支付的巨大数额时，家长们开始变得守规矩了，迟到的人数最终不断下降，直至接近于零。高额罚款使家长不再迟到，这个结果并不奇怪。令人奇怪的是，从不罚款到小额罚款却增加了迟到的家长的人数。

政治理论家迈克尔·桑德尔和哲学家德布拉·萨茨（Debra Satz）认为，这个实验强有力地证明了将金钱引入社会关系将对我们的性格和情感有破坏性。在罚款之前，他们认为晚接孩子无非不太道德。当然，有些人还会心生歉意，唯恐自己会给托管人员增添麻烦。但是，根据桑德尔和萨茨的说法，当引入罚款后，家长们不再认为晚接孩子是道德问题。他们不再那么关心员工，也不再感到内疚。相反，他们认为晚接孩子只是另一种金钱交易，实际上是一种有偿提供的服务。

在这种解释下，引入小额罚款实际上减少了家长支付的总体成本。当罚款为0美元时，家长仍会为情感上的内疚付出代价。当罚款数额较小时，他们会支付小额现金罚款，但他们不再感到内疚。因此，迟到的**总成本**降低了，而父母对迟到的**需求量**却增加了。

但此处有一个问题，这个案例相当模棱两可。之所以说它模棱两可，是因为钱是有具体意义的，而我们附加在某物上的价格也是有具体意义的。

我这么说。想象一下，我经常因为学生晚交每周的小论文而斥责他们。他们对此也感到内疚，知道迟交的论文扰乱了我的日程安排，使我更难公平地评分。尽管如此，仍有少数学生会迟交论文。最后，在几个星期后，我告诉他们我已忍无可忍。从今以后，如果他们迟交论文，我将对他们的论文成绩进行扣分，每迟交一次，便扣一分。预料之中的结果是，之后迟交的论文数量会增加，而非减少。

原因并不是引入惩罚措施改变了学生的态度，抑或改变了我们的关系，或者使他们不再关心他们给我带来的不便。相反，这可能是因为这类小惩罚传达了关于迟交论文所造成的相对伤害的信息。学生们会做出相应反应："哇，我以为迟交论文真的会让布伦南教授非常失望。但现在他对迟交的论文只处以一分的惩罚，那我之前真是想得太严重了。惩罚这么轻说明这一直不是什么大事。我不应该为此内疚，所以可以放心地迟交论文了。"

同样的问题也适用于海法日托机构。也许小小的罚款提示家长们，他们误以为接孩子真的会伤害到日托所，但如果只需要一笔小小的费用就能让日托所的生意好起来，那么接孩子迟到就不是什么大问题。

这个实验太过模棱两可，它不能清楚地证明金钱会使人堕落。它只能证明，在人们眼中，惩罚很小，意味着错误也很小。

市场会让我们变善良吗？

马克思主义哲学家科恩认为，以市场为基础的社会——该社会中陌生人之间的大多数经济活动和互动都以金钱和利益为中介——会腐蚀我们的人性。市场促使人们相互合作，但只是出于某种恐惧和贪婪的结合罢了。人们害怕失去他们所拥有的东西，害怕受到可怕的剥削。他们也很贪婪——不断想为自己争取更多。人们相互合作，并不是因为他们关心他人或想为他们服务，而是为了给自己赚钱。因此，科恩认为，经济体系下的金钱至上会使人们把对方仅仅看作为自己捞金的手段。他们将不再关心他人,而是变得越来越自私。

科恩的论点存在一个问题,那就是这一切都是纸上谈兵。他没有提供任何实质性的证据,也没有引用任何研究来证明金钱或市场能带来这样的腐败。这只是他的想象而已。当他构想心中的理想社会时,脑海中出现的是一个没有金钱的世界,人们出于相互关心和爱护而相互合作。当他看到实际的商业交易时,他只是想象现实生活中从事这种交易的人没有感同身受或相互关心,只是在关心自己。他从小就不假思索地接受了父母的主张,即认为市场和金钱一定会腐蚀我们,使我们变得更自私。但这种想象并不能作为论据。

幸运的是,在实验经济学中,有大量的证据检验了市场对人们行为的影响。这有力地说明了以金钱作为媒介的人类互动如何影响了他们的行为和态度。

经济学家们据此设计了大量的游戏,在这些游戏中,受试对象可以以各种方式进行互动。游戏中设置了一笔钱,一般是一个人一个月的工资。在经济学的游戏中,所有受试对象都被告知游戏规则,并要求对其中利害关系了然于心,以保证不仅反映受试者的疑惑,还能保证结论实验结论的效力。一般来说,受试者们在游戏之外不会见面,也不会互动,他们甚至可能在地球的两头。这一点很重要,因为它允许经济学家控制对实验产生影响的权衡因素:受试者在以任何特定方式玩游戏时，不会受到任何外部经验或额外的刺激因素干扰。

基于此，我们来看下面这几个游戏。

信任度游戏（Trust Game）

旨在考验受试者是否相互信任，以及他们是否不会辜负别人的信任。A类型的受试者拿到了10美元，需要从这10美元中选择一个数额X给同组的B类型受试者，这部分金额在B类型受试者那里会变成$3X$（乘以3）。然后，B类型受试者决定回报给A类型受试者金额Y，Y的数额由B类型受试者自行决定。B类型受试者可以把他想要的钱还给A类型受试者，或者全部留给自己。问题检验的是：A类型受试者是否足够信任B类型受试者，给他这笔金额，并寄希望于B类型受试者能将翻番的金额平分给自己？如果B类型受试者收到了钱，他将回馈A类型受试者，还是辜负A类型受试者？

独裁者游戏（Dictator Game）

旨在考察在没有希望得到回报的情况下，人们是否仍然对陌生人无条件地慷慨解囊。研究人员挑选了两个互不相识的受试者，随机选择其中一位扮演独裁者。他将得到一笔现金。他可以随心所欲地与第二个人分享，也可以全部留给自己。问题考察的是：独裁者是与他人分享还是自己独吞?

最后通牒游戏（Ultimatum Game）

旨在观察人们是否为了公平而反抗，以及他们是否愿意为了公平付出牺牲个人利益。在该游戏中，受试者分别扮演提议者（Proposer）和响应者（Responder）两种角色。提议者获得一笔金钱，比如50美元。然后，他必须提议与响应者对其进行分配。他可以提出任何他想要的分配方案，例如他自己独占，两人对半分，或任何其他方式。响应者可以选择接受也可以拒绝，如果接受提议者的分配方案，则双方按照提议者的分配方案各自获得报酬；如果响应者拒绝这种分配方案，则双方收益均为零。问题测试的是：不劳而获的提议者所提议的数额是否公平？

另外还有测试其他行为的一些游戏。有些是看受试者是否会合作或欺骗对方。有些检验受试者是否会对公共利益做出贡献，或是无本获利。有些则考察受试者是保护还是挥霍共有资源。

世界各地的许多经济学家都在做这些实验，有时是围绕一大笔钱展开，旨在确定哪些因素会诱发或破坏信任、信用、协作、公平性等。与科恩、桑德尔或其他怀疑市场有效假说的人的观点相反，研究结果令人惊讶。

约瑟夫·亨里奇（Joseph Henrich）和他的同事将实验

成果总结为：

> 经济组织和市场一体化程度的群体差异解释了不同社会的很大一部分行为差异——市场一体化程度越高，合作的回报率越高，游戏的合作水平就越高。

也就是说，在非市场社会中，自私自利的现象比比皆是。换句话说，在人们最常与陌生人打交道的社会中，在以逐利为目的的金钱交易中，人们是公平的、善良的、慷慨的和善于合作的；他们不会不劳而获，也出现了更少的欺骗行为，并且他们愿意牺牲自我以阻止不公平的行为。一般来说，来自市场经济的人似乎比来自非市场社会的人更倾向于同情陌生人，表现出更强的公平感。

经济学家赫伯特·金迪斯（Herbert Gintis）解释道：

> 宗教和对生活方式的宽容、性别平等和民主运动，在由市场交换为主的社会中，蓬勃发展并取得了胜利，而在其他非市场社会则没有。

我和我的同事们在研究非洲、拉丁美洲和亚洲的简单社会——狩猎采集者、园艺家、游牧民和小规模定居农民的公平性问题时，发现了市场和道德之间正相关的大量证据。12位专业人类学家和经济学家探究了这些社会，并在当地人中进行了最后通牒游戏、公共物品和信任度游戏。与先进的工业社会一样，所有这些社会的成员的行事都非常高尚，愿意牺牲金钱利益来实现公平和互惠，即使是在匿名只有一次机会的情况下。对我们的研究目的来说，更有意义的一点是，我们测试了每个社会与市场接触和生产合作的程度，我们发现，那些经常与周围较大的群体进行市场交换的社会更加注重公平。市场经济使人们变得贪婪、自私和无道德的说法根本就是谬论。[1]

事实证明，从经验上看，受试者与陌生人公平竞争的最有力的文化因素是，他们的社会是如何以市场为导向的。事实上，有强有力的证据表明，一般来说，市场社会是最宽容的，其政治机构中的腐败也最少。

让我们再来看看其他的一些研究。你可能会认为竞争性的市场是狗咬狗的，残酷无情的。然而，在一项重要的研究中，经济学家帕特里克·弗朗索瓦（Patrick Francois）和坦吉·范·伊博塞勒（Tanguy van Ypersele）发现，市场竞争越激烈，人们彼此之间的信任就越多，而不是越少。对非经济学家来说，这个结论似乎令人惊讶，但对经济学家来说，他们早已司空见惯了。市场竞争越激烈，任何个人就越不能给对方使绊子，或者左右他人行事。他们参与竞争普遍都十分公平。

最近，丹·艾瑞里（Dan Ariely）和他的同事研究了共产主义和资本主义对人们的欺骗行为的残余效应。他们招募了一些社会经济背景相似的德国公民，他们都住在柏林。有些人的家庭来自东德，有些人来自西德。他们发现，曾经生活在东德或由东德父母抚养长大的人撒谎和欺骗的比例明显高于来自西德的人。

无独有偶的是，心理学家保罗·扎克（Paul Zak）和经济学家斯蒂芬·克纳克（Stephen Knack）经过研究后发现：以市场为导向的社会，信任度通常也高；反之就成为失信社会。

无论何种社会，其首要问题都是，居民是否表现出经济学家所说的普遍社会信任。该信任是指人们期望陌生人，包括服务员、汽车修理工、律师或其他有生意来往的人，能够履行自己的职责，信守诺言，遵守合同，诚信做人，不做盗窃或损人利己之类的事情。事实证明，社会不同，普遍社会信任的程度就不同。与委内瑞拉或俄罗斯等国相比，新西兰的普遍社会信任程度要高得多。虽然普遍社会信任程度受到文化、历史、人口和制度因素的影响，但事实表明，普遍社会信任程度和经济市场化程度之间存在高度的正相关关系。不仅相关，且表现出一种因果关系。随着国家经济发展，社会信任逐渐增强。同样，在以金钱为中介、以利益为动机的社会中，陌生人之间得以相互信任，彼此尊重。

哲学家们通常认为：金钱有一种世俗的、功利的作用，金钱至上会诱发人们的自私行为。然而，经济学家奥马尔（Omar）、丹尼尔·豪泽（Daniel Houser）与同事的实验证明，市场、金钱和贸易相关词汇的刺激，会使人与人之间变得更信赖对方，关系也会更平等。众多哲学家认为市场思维或金钱利益，会在某种程度上导致思维模式的转变，行为从亲社会转向自私自利。为了反驳这一观点，奥马尔和他的同事们进行了大量的经济学实验。在这些实验中，人们有各种各样的道德行为表现。他们发现，以市场为导向思维的实验组，比非市场的对照组表现得更游刃有余和亲社会。也就是说，市场思维使他们变得更友善。

让人们大跌眼镜的是，经济学家米切尔·霍夫曼（Mitchell Hoffman）和约翰·摩根（John Morgan）发现，从域名交易和成人娱乐（色情）这两个残酷的互联网行业中挑选出来的成年人更利他、更信任他人、更值得信赖、更不喜欢撒谎，比大学生更亲社会。经济学家和哲学家认为，只有最残酷、最恶毒的人才会在这些行业工作，但事实并非如此，从业人员只是看起来凶狠罢了。

加布里埃莱·卡梅拉（Gabriele Camera）和他的同事在最近一项研究中发现了一些与前期研究有出入的结果。据英国广播公司报道，该研究发现，金钱会降低群体信任。[2]但这是一个充满误导性的结论。卡梅拉和他的同事们进行了一系列的实验。受试者在游戏中可以选择与人合作或不合作，在合作时可以选择无私或自私。据英国广播公司报道，研究结论如下：在小团体中，金钱会让受试者变得更自私，更抵抗合作；但在大团体中，金钱会让受试者更大公无私，更乐意合作。

因为金钱在西方文化中被视为没有人情味，所以在这个实验中存在一半的负面因素并不令人惊讶。因此，在小团体的人际交往中，金钱意味着疏远，金钱纠葛代表关系的利益化。然而，在大团体和陌生人之间，金钱有助于建立信任，是合作精神和公平竞争的象征。

早在20世纪70年代，社会学家理查德·蒂特马斯（Richard Titmuss）就声称，在生活的某些领域，金钱和经济激励会产生巨大的腐蚀效应。他认为有偿献血会导致自愿献血的人减少，也会降低捐献血液的质量。因为金钱激励会诱使我们用自私的经济动机取代利他动机——帮助有需要的人。在这种情况下，除非献血的价格非常高，否则很少有人会献血。经济激励还会刺激那些最不健康的人——酗酒者、无家可归者、极度贫穷者——去卖血，从而导致血液供应质量下降。

蒂特马斯的研究没有遵循正确的科学步骤，他使用的数据来自不可控的实验和不科学的调查。最近，研究人员尼古拉·拉切泰拉（Nicola Lacetera）、马里奥·梅吉思（Mario Macis）、和罗伯特·斯洛宁（Robert Slonim）做了一系列科学实验，旨在观察金钱或其他刺激因素是如何影响献血的。与蒂特马斯的研究结果相反，他们发现礼品卡这样的经济奖励会增加献血的数量，但不会影响血液的质量。

威廉·英格利希（William English）和彼得·贾沃斯基（Peter Jaworski）调查了近期美国几乎所有有偿献血站的数据库。这些数据不仅显示了献血站的位置，还显示了在十多年的时间里每个月的有偿献血量。根据这些数据，他们不仅能够证明有偿献血导致整体血液供应增加，还能表明对于大多数献血者来说，无私仍然是他们献血的一个重要原因。血源质量变得越来越高。但其中最有趣的是，当一个地区建立短期或长期有偿献血站并发布广告时，会促使更多的人在红十字会和其他地方无偿献血。有偿献血不仅增加了整体血液供应，也增加了无偿献血的供应量。

事实上，这些结果似乎很笼统。心理学家朱迪·卡梅隆（Jodie Cameron）最近分析了96项不同的实验。这些实验比较了得到外部奖励和没有得到奖励的受试者。她指出：一般来说，对完成任务的人进行奖励并不会消除他们做这件事的内在动机——它可能会增加一个额外的自我动机，但不会消除或取代其他动机。

金钱的本质

实验证据表明，在人际交往中，金钱利益和高尚品格或利他主义并不是水火不容的。恰恰相反，在这个金钱至上的社会中，人们往往展现了更多的高尚品格。那么，为什么有这么多人认为金钱会使人堕落呢？我怀疑，这与西方人强加给金钱的特殊意义有关。正如我在第一章中提到的，西方人对金钱的看法是"平凡而普通，通俗且客观，世俗，只有数量上的意义"。金钱象征着经济关系，这种关系是非个人的、短暂的、不道德的、工于心计的。

值得注意的是，这种对金钱的看法并不是普遍的。在当今的美国文化中，在生日时送现金似乎是"欠考虑的"。为了体现你的贴心周到，你应该了解你所爱的人喜欢什么，并投其所好。维维安娜·泽利泽（Viviana Zelizer）对金钱和交换的意义进行了广泛的研究，她在多本著作中向我们表明，所谓的金钱"世俗"并不是一个普遍观点，而是我们自己的文化在某个特殊时期的产物。在泽利泽的著作中,还有许多例子都表明不同时代的不同文化并没有赋予金钱或市场像桑德尔和其他金钱批评者所赋予的意义。

社会学家莫里斯·布洛克和乔纳森·帕里一致认为:

> 问题的关键在于,对我们来说,金钱象征着一种内在的"经济"关系。因此,把金钱作为一种礼物送给亲密持久的朋友是非常尴尬的。但很明显,这种尴尬主要是因为:这里的金钱经济是一个独立领域,一般的道德准则不适用于此。当人们不将金钱视为一个独立的和非道德的领域,融入社会并受其道德法则的约束时,金钱就不太可能被当作亲属和友谊关系的对立面,用金钱礼物来巩固这种关系自然也没有什么不妥。

泽利泽、布洛克和帕里都认为,货币和市场都具有其他任何地方都没有的意义。相反,由于西方人倾向于把交换和货币的领域视为一个"独立的、非道德的领域",所以才对商品化如此反感。布洛克、帕里和泽利泽说,我们会错误地认为这只是金钱的本质属性。而事实上,这只是西方人强加给金钱的意义。

例如,在马达加斯加的文化中,梅里纳人在性行为后付钱给妻子,这是很正常的。与其说这是一种父权制的信号,或者性只是丈夫从妻子那里买来的服务,不如说这是对妻子生殖能力的尊重。这不太像是买咖啡,而更像是祷告。因为他们没有给钱加上肮脏的含义,所以他们认为这是正常的。有时候,你认为这很恶心、很奇怪,不是因为它本身很恶心、很奇怪,而是因为你觉得钱很恶心。这是你强加给它们的意思,并不是它们真正想传达的意思。

布洛克和帕里声称,我们通常可以找到现实生活中的例子,说明在不同文化的人群中,存在西方人所不认同的物品买卖的情况,但他们文化中买卖的意义与西方人的意义大不相同。西方人原本应可能赋予市场更多的意义。

同样,在某些文化中,以金钱为礼物也不算没有人情味。犹太人的成年礼和中国人的压岁钱都是将金钱作为礼物。在西方,也曾经将金钱作为礼物。在 19 世纪后期的美国,送现金特别合理,和现在完全相反(也许在这个富裕的社会,人们认为金钱太容易获得而不够有诚意。当时间比金钱更稀缺的时候,花时间去了解别人的喜好就会变得尤为珍贵)。

在《给无价的孩子定价》(*Pricing the Priceless Child*)一书中,泽利泽声称,人寿保险和侵权法的制定在很大程度上解释了为什么今天的西方人认为他们的孩子具有一种神圣的价值。19世纪后期,孩子们较少地在农场或工厂工作。因此,他们不再给父母金钱,反而成为他们的经济负担。那么,法庭将如何对被视为家庭经济负担的儿童在非正常死亡的侵权案件中的生命赔偿做出判定呢?人寿保险公司又应如何处理他们的死亡呢?

正如泽利泽详尽记述的那样,人们最初认为孩子是"无价的",因为他们拥有一种即使是成年人也无法拥有的特殊的价值。而我们不再把孩子视为经济资产,在某种程度上认为他们是神圣的,这就是试图给他们定价的结果。所以,与人们所期望的相反,有时正是用货币标价才让我们认为这些东西是"无价的"。我想表达的是,人们之所以认为金钱导致堕落,原因之一是,他们不加批判地就接受了今天西方人对金钱意义的一种普遍看法。而这是西方人强加于金钱的,而不是金钱本身的意义。不是每个人都这么认为(至少我不喜欢),你也应该敢于克服这种刻板的印象。至少,你应该停止认为金钱导致堕落。我再次强调,这种想法只是你脑中的想法,而不是事实。

事物的价格和价值

实验证据表明,金钱不仅不会腐蚀人,还可以改善我们的性格。然而,许多哲学家和外行可能会回应说,这并不能证明什么。相反，甚至一些人认为，赚钱本身就是一种人类固有的堕落欲望。针对这些问题，我将在下一章对此观点做出回应。还有一些人认为，像市场倾向于做的那样，赋予事物以金融价值与其本身的内在价值是不相容的。伊丽莎白·安德森、玛格丽特·简（Margaret Jane）、雷丁（Radin）、本杰明·巴伯（Benjamin Barber）和迈克尔·桑德尔等哲学家和政治理论学家声称，给某物定价是为了表示某物的存在具有工具价值，能够满足我们的欲望，这是其他任何具有相同价格的东西都不可替代的。

他们会问，这不就是给某物定价的意思吗？如果说一包口香糖价值1美元，不就意味着它的价值相当于一张1美元的钞票的价值吗？但是一张美元纸币本身没有价值，它只是一种用来购买的工具。因此，该观点认为，一包口香糖价值1美元，就意味着它是可替代的，仅具有工具价值。对于一包口香糖来说，这似乎没什么问题，但有些东西的价值无法定价。例如，许多人认为生命有一种神圣的价值，一种金钱无法衡量的价值。因此，他们担心，如果我们给人的生命定价，在某种程度上，我们就是在贬低生命。

例如，美国政府在考虑在实施某些安全规定时，是否要将这些规定的货币成本与拯救一个人生命的价值进行比较。它通常赋予一条生命750万美元的价值。一些哲学家回避了这个问题，他们说你不能这样给生命定价。毕竟，如果美国政府说一个人的生命价值750万美元，政府不是借此表达了人的生命和金钱有同样的价值吗？更糟的是，这难道不是在说一条人命相当于750万包口香糖的价值吗？事实上，这些反对意见是对经济学中价格和效用理论概念的严重误解。为了解释这一点，我得讲点专业知识。假设一个人，我将其称为理性兰迪。兰迪是一个完全理性的经济学家（现实生活中的人可能不是，但兰迪是）。兰迪有经济学家所说的效用函数，这意味着根据他的偏好和价值观，我们可以把所有可能的状态从最好到最坏进行排序。如果兰迪对 A 和 B 不关心，那么 A 和 B 就在他的思维中占据相同的位置。到目前为止，所有这些都与某些事物的内在价值是一致的。我认为我的配偶和我的狗具有内在价值，但我会选择拯救我的配偶而不是我的狗。我认为毕加索的作品《格尔尼卡》（*Guernica*）和我的孩子们送给我的最后一张父亲节卡片虽然都具有内在价值，但我会选择前者而不是后者。

我们认为兰迪有一个效用函数，并不是说兰迪认为所有的价值都可以简化为一个叫作"效用"的公分母。并不是说所有的东西都只有一种价值，一种叫作效用的价值。兰迪可以认识到有很多不同类型的价值观。经济学家所说的"效用"并不是指所有事物的基本价值。相反,"效用"只是经济学家根据兰迪的价值观来对他的偏好排名的方式。假设兰迪有所有正确的道德偏好,不管这些偏好是什么,这和他的效用函数是一致的。如果从道德角度来看,A优于B,这就是兰迪的选择。如果从道德角度来看,兰迪没有选择A和B中的任何一个,那么兰迪就会对它们漠不关心,它们就会在他的效用曲线上占据相同的位置。

到目前为止,大多数对定价持批评态度的人都对我所说的一切表示赞同。他们接受兰迪可以用所谓的顺序效用函数,也就是把所有状态从好到坏进行简单的排序。毕竟,哲学家道德理论的部分任务就是告知我们,如何从道德角度评判事物的优劣。

但经济学家们不会止步于此。他们认为兰迪不仅有一个序数效用函数,还有一个基数效用函数。序数效用函数只是对事物进行排序:有主次之分。但基数效用函数的作用更大:它给每个选择设定了一个特定的数字。基数效用函数可以假设为A的值为10.37534983,B的值为8.4343999,C的值为2.4,以此类推。许多道德理论家(比如我前面提到的那些人)担心,将事物置于带有定价的基本效用函数中,与具有内在价值的事物在某种程度上是不相容的。难道说所有东西的价值都等于某种货币价格,就是在说所有东西的价值就是它的货币价格吗?把所有的东西都放在这个精确的尺度上,难道不就是在说所有的东西都只有一种效用价值吗?

当然,答案是否定的。20世纪40年代,乔纳森·冯·诺伊曼(Jonathan von Neu-mann)和奥斯卡·摩根斯特恩(Oskar Morgenstern)提出了相反的数学证明。他们表明,如果你接受一些关于理性的人如何对彩票做出反应和处理风险的基本公理(例如,理性的人喜欢更好而不是更差的奖品,喜欢更好而不是更差的机会),那么你就可以从数学上把任何序数效用函数转化为基数效用函数。也就是说,给定A(兰迪对世界上所有可能状态的排名)和B(兰迪在彩票中选择的理性方式),我们产生了一个新的效用函数C,其中所有的值都可以在顺序量表上表示。如果我们假设兰迪也重视金钱,我们就可以用货币来表示这个比例。事实证明,理性的个体可能做出的每一种权衡,无论这个个体是自私的还是利他的,是不道德的还是道德的,价值一元论的还是多元论的,康德主义的还是功利主义的,都可以在一个连续的、数字的效用尺度上用货币来表达。

再次强调,这并不是说行为主体只看重效用、金钱或自我满足,而是说我们可以在这一个尺度上正确地表现行为主体的价值。所有这些都与持有一种具有工具价值以外的东西相一致，或者不是所有的东西都可以用货币替代，或者存在多种价值。经济学家对此也表示认同。

我知道说这些很抽象，我主要是在回应哲学家们提出的一个对经济理论的误解。让我们用通俗的语言来解释一下。哲学家们声称，事物至少有两种不同的价值。说某物具有内在价值，就是在说它作为目的本身具有价值。例如，幸福本身就是目的。说某物有工具价值，就是在说它的价值是作为获得其他东西的一种手段。金钱具有工具价值，但本身不是目的（有些事物有两种价值，比如星巴克的咖啡师既是目标本身，也是买到好咖啡的有效途径）。

哲学家们经常抱怨说，给某些物品定价多少会降低该物品的价值。物品本身存在内在价值，但是定价的意义在于它只具备了工具价值。

经济学家表示反对，他们认为这样会误解金钱在货币价格方面代表的作用和意义。事实上，有时，我们迫不得已对事物进行权衡，而金钱是有效方式之一。它明确表明当你做出选择A而不是B时，必须有所取舍。仅此而已。

给某件正在讨论的东西定价并不能说明其价值。我认为10万美元仅仅具备10万美元的工具价值。我认为与妻子的15周年结婚纪念旅行具有某种内在价值，而不仅仅是工具价值。但我不会为旅行支付10万美元冤枉钱,不是因为我不爱我的妻子,也不是因为我懒得庆祝结婚纪念,而是因为这次旅行,恐怕会让我倾家荡产。

当我们选择A而不是B时,定价的好处在于能够清楚地表明我们被迫放弃了什么。

如果你有1万美元可以用来:A.为儿子做救命的手术;B.为你的狗做救命手术;C.买一块全新冲浪板。你可能会选择A而不是B或C。实际上,你可能愿意为A付出比B或C多得多的钱。这并不是因为你像对待金钱一样对待你的儿子,而正是因为你认为你儿子的生命比金钱有着更高的价值。

结语

有些人耻于谈钱,因为它肮脏,亵渎神灵,腐蚀。但是,正如我们所看到的,实验证据恰恰相反。金钱有助于陌生人之间的合作,经常由金钱进行调节的社会也是更加开放、信任和诚实的社会。就"肮脏"一词而言,这是部分西方人将这一特质投射到金钱上的,而不是其本身固有的。

第四章

赚钱无可厚非

所有痛苦、死亡和毁灭的背后发出的臭味，据说是来自凯撒利亚的巴兹尔教所说的"魔鬼的粪便"。肆无忌惮追求货币规则，把服务公共利益抛在一旁，一旦人们崇拜资本，资本将左右人们的决策，一旦金钱的贪欲主宰了整个社会经济体系，便可摧毁社会，谴责和奴役人类，破坏人类博爱，让人们相互对立，正如我们清楚地看到的，甚至会危及人类的共同家园。[1]

——教皇弗朗西斯，2015年

有时，我们对事物好坏的判断不同，不是因为我们的道德标准不同，而是因为我们对相关事实的观念不同。

如疫苗反对者和医生都认为生命至上、健康至上，事关婴儿的全命健康，医生绝不会坐视不管。这并不意味着抵制疫苗的人会说："疫苗当然可以挽救生命，几乎没有什么严重的副作用，但我反对它们，是因为我喜欢看着婴儿死亡。"反疫苗接种者提倡的政策会害死婴儿，但这并不是他们的本意。

赞成接种疫苗的和反对接种疫苗的人群之间的差异并不在于道德价值观，而在于疫苗如何发挥作用。在这种情况下，有人反对疫苗，是因为他们对疫苗起的作用和有关风险的了解不够。

所有这些与普通民众对市场、利润和金钱的看法有关。正如本书第一章和第三章描述的，许多西方人认为金钱是肮脏的代名词。他们认为牟利有罪，赚钱害人，为富不仁的富人就是坏人，想要钱就是卑鄙堕落。

这些都不是基于道德的信念，而是建立在部分实证的基础之上的，比如，关于金钱能带来什么、利润是什么、盈利需要什么以及市场如何运作等。人们对金钱、利润和商业的道德评价取决于他们对经济学的认识。当然，作为经济学反对者的卡尔·马克思和弗朗西斯教皇，即使讨厌商业和市场经济——但也可以接受不可信的、不科学的经济理论。

除非我们弄清楚事实真相，否则无法对金钱市场利润做出明智的道德评价。我们需要了解的是，经济如何运行、利润从何而来、人们如何赚钱、贸易是如何展开的。我们还需要了解，我们投资或不投资会发生什么。

人们对赚钱嗤之以鼻，是因为他们缺乏对金钱的了解。因此，捍卫有钱、赚钱和存钱的正当需求的第一步，就是对市场经济的运作做出合理解释。

僵死世界里的道德沉淀

我的一位商学院的同事曾经问过学生这样一个问题："你从哪里学到了这些道德行为？"回答是：父母、牧师、朋友以及邻里。

他接着问道："那为什么连环杀手约翰·韦恩·盖西（John Wayne Gacy）或炸弹手泰德·卡钦斯基（Unabomber Ted Kaczynski）杀害的就是这些人？难道他们的父母忘记教他们明辨是非了吗？"学生们陷入沉默，朋友说道："不，是他们的心理出现了问题。"

他解释说，现有的心理学和人类学研究表明，人类已经进化成为道德健全的社会性动物。过去的成千上万代中，人类的祖先大多生活在100人左右规模的家族或部落中。这些族群在很大程度上都依赖群体内的合作——事实证明，他们信奉"非我族类，其心必异"。为了达到目的，人们需要为共同利益而团结合作，并合力惩罚那些试图坐享其成的人。人生来是为了成为合作者，而不是背叛者。我们有一种（根深蒂固）的道德观念——对与错，公平与不公平。父母和牧师主要教导我们如何实际运用基本道德直觉（basic moral intuitions），而不是直接灌输。

有心理学实证研究表明，即使是很小的婴儿也有内在的道德倾向和态度。三个月大的婴儿就能够区分公平与否、善良与邪恶、助力与阻力，并且更喜欢公平、善良和乐于助人的人。（婴儿也会对熟悉和已知的事物表示偏爱，对不同的事物表现出偏见。别忘了，我们的祖先在进化过程中也不信任外人。）随着年龄的增长，我们会逐渐成长，并更好地学会根据自己的道德情感行事。但道德积淀基本上是与生俱来的。

我们面临的问题是，这个内在的道德机制是为适应一个不同于我们现在居住的世界而发展的。道德心理学家保罗·布卢姆（Paul Bloom）解释道：

> 我们的情感是为更简单的时代而进化的。因此没有很好地适应现在这个被无数陌生人包围，可以使用汽车和互联网的世界。

我赞同人类所有的道德情感都会带来灾难性的影响的说法，即便是同理心也一样——设身处地为别人着想，感受他们的快乐和痛苦。在人际交往中,具有同理心是一件好事——我希望父母、孩子或配偶具有同理心。但是,这种情感就像愤怒一样不容易被分数和标准衡量。正是出于同理心反应,我们更关心一个困在井里的小女孩,而不是未来受气候变化影响的数十亿人。小女孩的安全比未来的统计性危害更容易引起关注。在某种程度上,我们能够认识到那些没有明确受害者的严重威胁并采取行动应对,依靠的是理性思考,而不仅是本能反应。²

据传斯大林曾说过,人固有一死,但若个人的死殃及大众,就绝非只是数字那样简单了。该引用可能是虚构杜撰,但这句话不管出自谁之口,都无损于它的正确性。史前9500代左右的智人做出道德决定最多影响到100人,他们完全没有必要为数百万或数十亿人考虑。

我们人类在演变进化的过程中,生活在由近亲组成的小型狩猎采集群里,与外人的接触很少,而且经常发生争斗。我们的祖先生活在原始的、自给自足的狩猎——采集型的经济社会。除偶尔会与其他群体进行交易外,生产多发生在群体内部。在内部,与依赖金钱、合同和交易相比,他们更多地关注人情往来、期望互利互惠和家庭式捐赠。他们的财产观念发展是相当不成熟的,因为他们的财产几乎没有多少,而且大部分情况下都立即被消费了。

那就是他们所拥有的经济类型以及合作方式,这其中道德架构起到了促进作用。即人类的道德本能帮助其成功完成与100人以下狩猎——采集群体的合作。

但这不同于我们现在的生活。现在人家里或办公室里拥有的一切都是由数百万陌生人共同创造的但每个人都根本不知道自己与他人共同创造了这些。每天,你可能会与几十个陌生人联动合作,其中大多数人不会和你在生活中产生交集。你需要考虑的不仅是明天吃什么,还有未来几十年的计划(如支付大学学费或退休费)。

我们的祖先需要完善出一套道德规范,促进小群体中熟人面对面的交流。而今天我们需要的,却是促进数以十亿计的陌生人之间集体合作的道德规范。我们的道德架构、道德本能、道德情感产生于先祖时期,而不是现在产生的。我们的道德是为非洲大草原上石器时代的部落生活,而不是纽约现代城市生活而建立的。

这样看来,人们内心对货币、市场、扩展贸易、与陌生人跨境贸易、合作、盈利亏损机制、合同、股票、债券、债务、期权市场等产生如此多的怀疑或许都不足为奇。使当今跨界协作成为可能的各类机构、规则和规范,并不遵循或模仿对原始部落的合作发挥作用的那一套。人内心的道德架构还没有跟上这些新奇玩意儿。我们大脑中的原始道德观模块认为，货币和市场等新事物既可怕又怪异。

近来逝去的道德意识

人生来就有道德观念，但我们所在的文化教会我们以有趣的新方式去应用这些观念。这就是为什么某些道德观念——例如，近亲不得结婚——能被普遍接受，但其他道德观念——例如，容忍宗教差异，接受同性恋，尊重言论自由——则不能。

当然，人类有"穴居人"的道德思想，但也继承了各种文化规范。我们在"文明"中积攒了几千年的生活经验，那么，我们的道德观念不应该与我们的生活和工作方式同步吗？

或许不是吧。问题在于，在人类历史上的大部分阶段，即使总收入或财富几乎没有增长，也都有固定的财富积累。正如经济学家约翰·梅纳德·凯恩斯（John Maynard Keynes）所说："从人类最早有文字记载的历史开始至18世纪初期，普通人的生活水平并没有出现很大的改观。"在这段漫长的岁月里，人们的生活时好时坏。瘟疫、饥荒和战争不断，其间也有过短暂的黄金发展期。但就整体而言，并没有渐进（progressive）而激烈（violent）的变革。截至公元1700年的这4000年中，有些时期的生活水平可能比其他时期好一半，最多达到百分百。

过去的这几千年发生了许多激动人心的政治文化变化——帝国的诞生和消亡，世界战争，宗教兴衰，伟大的成就与科学新发现。但经济变化可谓寥寥无几。除了少数国王、领主和大祭司外，世界各地的人都极度贫穷，致富无望。如果粮食收成好的话，人们会生育更多的人口，但多余的人口将吃掉所有盈余的粮食，大多数人依旧一贫如洗。几千年来经济文明史从早期开始，便由典型的文盲、营养不良的农民组成。

此外，在历史的大多数时候，大部分富人——国王、贵族和大祭司——的致富方式包括：从穷人那里抢劫，或者打着慈善的幌子，通过提供保护和救人征税。甚至用这些钱发动昂贵的战争，农民忍饥挨饿，他们却建造了奢华的宫殿。国王和高级祭司从他们的臣民那里分得粮食，害得他们家徒四壁，但他们没有付诸实际行动来让臣民过得更好，充其量只能防止各种外敌入侵罢了。人们有理由认为，在历史的大部分时间里，富人大多是寄生虫。

这一切对我们的道德判断会产生哪些影响呢？就经济形势而言，世界历史中几乎每个人都有理由相信：

假设有固定数量可食用的馅饼。当富人分到较大的一块时，我能吃到的就自然而然地变少了。事实上，所有富人都是通过从其他人那里拿走馅饼而致富的。富人享用的每一口食物都以我们的牺牲为代价。

耶稣说：富人要进入天国，比骆驼穿过针眼还要困难。这句话有道理的原因在于，对于大多数人来说，富人发家往往建立在别人穷困的基础之上，质疑富人一点都不为过。

但是，经济体制发生了变化。16世纪左右，欧洲进入了社会转型时期，随后在其他地区，以市场为导向的资产阶级性质的商业社会取代了传统的封建帝国和神权社会。新的经济体系并没有简单地改变利益馅饼分配不均的局面，而是提供了更多的利益，非常之多。请记住，正如我们在第一章中所说的，如今一位普通的英国人比1000年前的同胞至少富有30倍。按实际价值计算，如今美国的"利益馅饼"是1000年前全世界加起来的80~100倍大。一个新加坡普通人拥有的财富大约是1960年的23倍。资本主义社会取代封建社会之后，资本家富裕起来了，这是当然的。不过，其他人也随之变得富有起来。这种情况前所未有，只有当社会变得以市场为导向后才出现。

新型市场体系不只是制造更多"馅饼"。它们不仅恪尽职守地确保穷人分得馅饼，也从根本上改变了人们致富的逻辑规则。

在中世纪的英国，脱贫致富的最佳方式是从国王那里得到领地。农民要努力为富有的领主提供粮食，不能随意离开自己的土地，或尝试进行贸易活动。当然，他们的劳动换来的只是不受其他领主的奴役，如此而已。他们的生活状况丝毫没有本质性的改变。

但是商业资产阶级社会改变了这一状况。在这种社会，最有成效的致富方式就是让别人致富。事实上，你帮助致富的人越多，他们越富有，你也就会越富有。不信我们就看看吧。

利润的启示

一般人依赖于一种天然的启示，这一启示是从我们先祖那流传下来的：人具有利他和自私两种动机，利他动机下会帮助人，自私动机下会害人。就这么简单。

正如第一章中所示，人类现在将这种启示沿用到了组织评估领域：人们认为非营利组织的实质是帮助他人，而营利组织是在掠夺他人。

这种启示映射了很多问题，最大的问题之一是动机与结果分离。有人可能出于好意但会伤害到人，有人可能出于私心但帮到了人。

比如，善良的贝蒂只想帮助别人，但她却不知道怎么帮助。看到着火时，她错误地认为灭火的最好方法是浇汽油。贝蒂原本一片好意,却变成了火上浇油。再比如,自私的萨米一心只想获得地位、金钱和名声。他明白实现目标的最佳途径就是找到攻克癌症的方法,所以他努力去做。萨米的所做所为可能出于自私自利,但他实际给别人带来的好处远远超过贝蒂或其他大多数人。

非营利组织和营利组织也是一样的。许多非营利性非政府组织（NGO）、政府机构和慈善机构的存在弊大于利。有些组织浪费资源,有些人甚至像贝蒂一样好心办坏事,他们好意帮忙,但事实上让事情变得更糟。

更重要的是,很多纯营利性组织使人们更富裕。我们接下来就会对此展开讨论。事实上,存在一个通用的规则:在一个正常运作的市场中,产品赚的利润越多,你为他人提供的价值就越大。

大多数人对人性的看法相当片面。他们认为商人受利益驱使,而政府官员、士兵、教会领袖、非政府组织员工和大学教授行事的动机是爱和善良。这一点我不敢苟同。

企业分营利性和非营利性两种,但人没有非营利性的。相反,大多数人都是自私的。他们给予陌生人的无私关怀是有限的。医生也好,护士也罢,还有形形色色的公立学校教师、大学教授、政府雇员等,都不是白白付出劳动的。他们工作是为了赚钱,为了买漂亮的房子、度假、买些零零碎碎的小玩意，以及为了支撑个人爱好所需的一切。他们同商人一样，有目的地为自己获得地位、权力和影响力。他们肯定没有反社会人格，也不是魔鬼，但也绝不是天使。不管人们是为政府、非政府组织还是企业效力，人性是不会变的。

问题的症结不在于人性是否是自私的——大多数人在大多数时候都是自私的，只在极少数时候会无私奉献。而在于在追逐利益的过程中，别人是更富裕还是更贫穷了。追求自我利益有利还是有害于公众利益？追求个人私利是害人还是助人？

一只看不见的手

解决以上问题要根据情形来定，不仅要看当时情形，还要看背景规则。

当代经济学的奠基人亚当·斯密对此有深刻的见解。封建制度下的人们赚钱的唯一途径是，杀掉邻居、侵占土地，没错，就是这么残忍。生活在一个崇尚自由贸易的市场社会，获利的最佳方式是提供某种商品或服务，且别人评估的价值是高于其成本的。所以，你可以这样赚钱。在封建社会或共产主义社会中，以及同样在市场社会中——我们就像被一只看不见的手牵着，服务于对方。

我每个学期都教授经济学和哲学课程，课堂上我会组织学生做一个游戏。我把带来的45块不同的糖果随机分配给每一个学生。让他们每个人对分配到的糖果从1~10进行评分，1代表"我无法想象还有比这更恶心的糖果"，10表示"这是我所知道的最好吃的糖果"。随后，我把他们的评分写在黑板上。

然后我说："你们有15分钟互相交换糖果的时间。请任意尽可能多地进行交换。"15分钟后，我请他们对现在的糖果再次评分。

不出所料，评分开始直线上升。起初为1分或2分的最后变成了6分、7分或8分。平均来说，即使在我带的小班里，总分上升的幅度也会高达50%左右。评分下降的情况很少，大部分人对糖果的评价都变高了。

第四章 赚钱无可厚非

这个游戏充分展现了经济学家所说的贸易收益。贸易收益的逻辑很简单。安娜有士力架，布莱克有玛氏朱古力豆。他们每个人都有权单方面对交易说不，只有在双方都同意的情况下，交易才会发生。在受到利润驱使的情况下，如果安娜和布莱克各自更看重对方手里的而不是自己手里的糖果，他们便会进行交易。换句话说，只有当双方都能获利时，交易才会发生。

交易是双方互利共赢的典型行为——或者是经济学

家所称的"正和博弈"。该博弈的规则是确保所有玩家都受益。

大多数竞争性游戏,如扑克或篮球,都属于经济学家所称的零和博弈范畴。博弈各方的收益和损失相加总和永远为"零",一方的收益必然意味着另一方的亏损。就像打扑克牌,赢家的收益来自输家的亏损。在扑克牌游戏中,钱会重新分配,但各方的收益和损失相加总和为"零"。如果5名玩家上桌之前手中总计有500美元,输家输了多少,赢家就赢了多少,最后5个人手中加起来仍是500美元。

但是正和博弈则不同。在正和博弈中,一方的利益增加,而另一方的利益不受损害。设想有一种叫作"魔术扑克"的新游戏,每次有人赢了一手牌,不仅你,其他玩家也会获得额外的钱。你赢了现金,其他玩家也一样。在魔术扑克游戏中,如果玩家上桌之前总共有500美元,他们最后离开时会有1000美元。如果每个玩家上桌之前各有100美元,离开赌桌的时候肯定不少于并且通常会超过100美元。魔术扑克游戏不是重新分配金钱,而是可以产生新的收益。

市场交易就像魔术扑克游戏,而不是常规扑克游戏。后者相当于零和博弈,而前者是正和博弈。

交易的好处是,它始终是正和博弈,即使参与者的选择不多,或者分得一手坏牌,甚至不能视为"完全自主"。

举例来说,假设在交易游戏开始之前,我有一位学生为了让自己有饥饿感,没有吃早餐和午餐。想象一下,不喜欢椰子味道的她交易之初得到的却是椰蓉巧克力棒。她真心想得到的是士力架,因为士力架的味道真的很赞。接下来,即使她运气不佳,她也不会过于失望。因为最坏的情况无非是她回到原点,还是拿到椰蓉巧克力棒。她有可能会换到比椰蓉巧克力棒更好的,比如她最后分到了好时特色黑巧克力。虽然那不是她最喜欢的,但事实上,我们仍然可以从中得出一些重要启示:这是她最好的选择,至少比刚开始的时候要好。从这个游戏中我们学到的重要一点是:即使人人为己,贸易仍然会增加人们的选择范围。

在交换糖果游戏中,大多数学生只关注自己的利益。有时学生们会捐出一部分糖果给其他真心想要的人,但这种几年才能看到一例。不过糖果游戏的规则确保了学生在追求自己利益的同时,也帮助了别人。

亚当·斯密还说过:人天生追求自我利益,这既不是善也不是恶。善恶与否取决于互动的背景规则。贸易的基本规则如下:1.只有在双方同意的情况下,贸易才得以进行;2.不能强迫对方同意。这些规定足以说明要为自己盈利,就必须为他人盈利。[3]这意味着,只有供应商凭借出售产品给公司获利时，公司才能从供应商那里获利。只有当员工从为公司工作中获利时，公司才能从员工那里获利。只有当客户从公司购买产品中获利时，公司才能从客户那里获利。即使一些参与者的境况不太理想，所有以上规则也都成立。

市场竞争——只有合作才有竞争

经济学家称赞竞争性市场的优点。你很快就会发现，他们这样做是有道理的。但"竞争性"一词让市场看起来有点肮脏和低俗。这就是马克思主义哲学家G.A.科恩之所以宣称市场是一种天生令人厌恶的事物的原因，他认为市场体系是建立在恐惧、贪婪和自私基础上的。

对于大部分人来说，说到竞争，就意味着是一种竞赛。但这至少会在三个方面引起误解。第一，竞争是零和博弈，输家输了赢家才会赢。但正如我们刚才看到的，市场是正和博弈。市场赢家意味着做一笔对你有利的交易，但只有在对贸易伙伴有利时才算赢。第二，在市场体系中，我们的合作远远多于竞争。

第三，关于市场竞争，人们忽略了一件事，那就是没有合作，就没有竞争。在我家小区投放广告的园林绿化公司确实正在竞争。然而，他们竞争的是与社区的人互利互惠合作的机会，这场竞争将决定谁为谁服务。

对于外行人来说，面对一个竞争高度激烈的市场，你想象到的是"赢家通吃，输家满盘皆输"的情形。竞争高度激烈的市场比竞争不那么激烈的市场听起来更可怕。可事实并非如此。相反，市场竞争越激烈，个人需要拿出来推动他人的力量就越小。市场竞争越激烈，人们从交易中获益就越多，价格就越能反映所有市场参与者的知识和价值观。

竞争使人们免于相互利用，事实上，这是确保穷困潦倒之人不被剥削的最好办法。我们将对古典经济学家大卫·李嘉图（David Ricardo）的一个示例稍作修改，来说明这一点。

想象一下饥肠辘辘的马文流浪到一个新的城镇，十分渴望找到一份工作。如果今晚还找不到什么吃的，他就会饿死。他的精力倒是够他做一天的农活。他的保留价格❶，即他能接受的最低薪酬是1美元。不然的话，他今晚就得饿着肚子了。因此，如果一天的薪酬不到1美元，就完全不值得他工作，他宁愿把最后一天的时间花在看日落上。

假设镇上有100个拥有土地的农民，个个生活舒适、经济充裕。他们农场的活计多，可以雇用马文来干，但不雇人

---

❶ 保留价格是指买方或卖方所能接受的最高价格。——译者注

也没关系。假设马文的劳动对他们每个人来说价值10美元。如果付给他的报酬不到10美元,他们就会从中获利。如果给的正好是10美元的报酬,那么他们对是否雇用马文就不置可否了。对他们来说,如果给马文的报酬超出10美元,他们就亏本了。

假设这些农民全都铁石心肠,对马文没有任何的怜悯之心,并且除了马文之外,没有其他工人。那么马文会得到多少报酬呢?你可能会认为,"好吧,既然马文急着找工作而农民们急需人手,那么,他应当会接受1美元的报酬,即保留价格"。

不。恰恰相反,马文获得的报酬接近10美元。想一想,每个农民都想只花1美元雇用马文。假如有人给了马文1美元,下一位农民会想:"好吧,如果我给马文1.01美元,我仍然可以赚8.99美元。那我就多给他一点吧。"因此,每个农民都会抬高其他农民的价格,甚至抬高至9.99美元。马文可能找工作心情急切,但他拥有讨价还价的能力,是雇主之间的竞争完全削弱了马文的急切心理。

从另一个角度来说也是成立的。假设你急需修车,当时只有一个修车师傅,他完全可以要到你心理承受的最高价位,到达那个让你感觉修车或弃车都无所谓的临界点。当有很多修车师傅时,他们会压低价格。在竞争激烈的市场中,有许多供应商相互竞价，也有许多消费者相互竞价。结果是没有人被摆布，没有人能够掌控或利用他人，没有人可以决定价格。供应商的需求与消费者的需求达到了平衡，任何一种有可能的互利贸易都会发生。

市场竞争是建立在合作基础上的。我们试图赢得与别人合作的机会，这也同时意味着我们要提供更好的优惠条件来参与竞争。对方为赢得与我们合作的机会，也必须这样做。

在你求职时，最多会与几百名求职者竞争。这样一个市场看上去似乎是零和博弈，至少短期内是这样。如果你得到了这份工作，其他人就没机会了。

目前来说，即使你在电脑上输入简历，也仍依赖于与数千万个你看不见的人的合作，他们参与了电脑的制造环节，并为你供应电脑运行的电能。

此外，即使特定工作或合同的竞争涉及与其他申请人的短期零和博弈，但整个竞争体系却是正和的。人们幸福指数更高，也会更加富裕，因为他们参加的是一个包容度较高的竞争体系。记住，当今市场社会中的人比过去非市场社会中的人富裕20倍左右。在这样的短期零和博弈中，失去一个理想的工作机会可能令人心生怨怼。但是，倘若不通过竞争获得工作机会，而是通过法律或文化法令分配工作，每个人的境况都比现在要差得多。

利润是衡量附加值的指标

在标准化市场中,赚钱意味着盈利。我们要先搞清楚什么是利润。作为卖家,利润是超出成本的盈余。当你的售价高于物品成本时便是获利了。

作为买家,利润就是你从购买的物品中获得的价值减去该物品的成本。当购买的东西的价值高于你所支付的价格时,你就获得了利润。

为了说明排斥利润这一行为的意义,我们设想你要去一家杂货店购物,但又希望"不盈利"。你便告诫自己,"盈利不好,我不要这样做"。然后你不得不将所有物品分为三类:1.价值高于价格;2.价值与其价格完全相同,而且买不买都无所谓;3.价值低于价格,但不值得买。为了这次购物"不盈利",你要么什么都不买,要么只买第2类和第3类物品,也就是那部分无所谓或不值得的物品。这听起来确实很荒谬,但也正是努力避免经济学家讲求的"利润"的意义。然而,你追求利润给别人带来了什么影响?记住,竞争市场中商品和服务的价格是由供需力量决定的。反过来说,供需力量来自所有市场参与者的个人知识和愿望。

这就意味着,一家公司想卖货赚钱,就必须在竞争市场上，将人们从一个层面上重视的投入转化为更高层面的产出。只有帮别人创造了价值，自己才有利润。从别人的角度来看，利润意味着你为世界增加的价值。更重要的是，你赚的利润取决于你增加的价值。比如你的投入价值100美元，将其转化为人们估价200美元的物品。也就是说，如果商品定价200美元，那么别人买不买无所谓，但如果定价低于200美元，他们会更倾向于买。在这种情况下，在竞争的市场中，你可以定价在高于100美元但低于200美元之间。定价取决于众多其他因素，但增加的价值决定了你赚取利润的上限，即不能超过100美元。然而，想象一下你把100美元的投入变成了1000美元的产出会如何。这样，你获得的是高达900美元的利润。你转换的价值越大，增加的价值越多，你可能获得的利润就越高。因此，我们可以把一个企业的盈利能力作为一个信号或参考，来判断企业有多强。

美国人往往把这一点搞反了。他们接受企业赚取利润，但利润太高则意味着企业一定有问题。接下来我会讲到，其中一个问题是非法获得利润。然而这种利润来自欺骗性市场行为，而不是正常市场。在正常市场中，为自己获得的利润越高，意味着为他人带来的价值越高。

2013年，里森·鲁佩（Reason Rupe）调查了美国人对公司利润多少的看法，结果是美国人大大高估了公司的盈利能力。里森·鲁佩问道:"粗略猜测一下,你认为公司平均每一美元的税后利润是多少?"人们猜测的平均利润为34%,中位数为30%。[4]事实上,答案才不到7%。[5]而零售巨头沃尔玛的利润也只有1%~3%。[6]

大卫·施米茨(David Schmidtz)和我之前就在另外一本书中指出:

> 像沃尔玛这样的公司能成为世界上最赚钱的商业零售企业,并不是简单地通过某两单的特定交易发大财,而是在数十亿次交易中薄利多销。实际上,沃尔玛与客户间任何特定交易的全部收益都流向了客户,而不是公司本身。

资本主义是增加财富和破坏利润的机器

为了在正常运作的市场中赚钱,你必须将人们从一个层面上重视的投入转化为人们更高层面上的产出。为了实现合理利润的最大化,你需要找到最好的方法。

经济学家戴尔德丽·麦克洛斯基讲过一个被称作"500美元钞票定理"的想法:

> 还是从经济学的角度出发。有一个定理,即人们

会捡起在人行道上发现的500美元。这么样的话，其实今天在你家附近就没有哪个人行道上还留着一张500美元的钞票。

证据：可以反证，如果（今天之前）人行道上躺着一张500美元的钞票，那么根据该定理，它早就被人捡走了。

简单地说，你不应该期望人行道上躺着500美元的钞票，等着被人捡走。如果有的话，它早就不见了。

这对我们如何赚钱有什么启示呢？相当多。

首先，它告诉你要提防每一个向你推销赚钱方法的人。如果一个人给你提供方法，在人行道上找到一张500美元，并收取象征性的费用的话，那么一定不要支付。毕竟，如果他真知道的话，早就自己揣腰包里了。只有当知道这个人因为某种原因无法拿到这500美元时，你才可以接受他的建议。（去问一位管理学或营销学教授，"500美元钞票定理"在他的领域来说意味着什么，他会很高兴的。）

其次，该定理告诉我们，任何时候，只要人行道上躺着一张500美元的钞票，那么下列情况之一必然成立：

1. 很幸运，还没有人看到它，或者它刚刚才掉在地上。
2. 钞票又脏又破，或者有什么问题让人很难捡起来。

3. 进入人行道或拿到钞票有障碍。

4. 捡起它需要非同寻常的技巧。

5. 钞票被卡住了，没有人知道怎么去捡起来。

否则，早就有人捡走了。

这意味着，那些捡到500美元钞票的人——那些赚了超常高利润的人——要么确实是幸运，要么就是拥有天赋、能力、知识，或者情愿去做别人不乐意做的事情。如果真的有人日复一日地捡到钱，那可能就不只是凭借运气了。人们有时会走运，但不会一直都走运。

所有这一切表明，为了获得额外的正常利润，企业不可能只靠运气，而是需要创新，找到解决问题的新方案，或识别并解决其他人看不到或想不到的问题。企业除了必须找到一种方法来解决问题之外，还要提供比其他企业更高的价值。市场的逻辑是这样的：不是谁都可以拿走500美元钞票。如果你想脱颖而出，就必须有一技之长。

资本主义鼓励人们只通过双方承认的互利性买卖展开贸易，鼓励企业家通过提供额外的正常利润来解决问题。从这些角度来说，市场是制造利润的机器。

但在另一方面，市场是破坏利润的机器。假设宝马公司意识到人们热衷于购买的是操控性极佳的运动型小型公务车，于是便制造了三个系列的宝马车，赚了大把的钱，并且在汽车行业高效地创造了一个新的细分市场。但宝马在这么做的同时，也一并向所有的竞争对手发出信号："嘿，这里有500美元钞票哟。"因此，他们的竞争对手也纷纷开始制造这一类型的汽车，并不断推陈出新，这样一来便削弱了宝马创造正常利润的能力。市场对宝马公司的创新给予奖励，并且鼓励和奖励其潜在竞争对手在竞争中超越宝马。为了继续盈利，宝马不能止步不前。它必须不断改进和创新。正因如此，我们才有了与1978年推出的宝马320i相比价格更低的本田飞度（Honda Fit），一款更快、更强大的汽车。但2019年宝马的340i又更胜一筹。

有利可图，利润不良：从资本家手中拯救资本主义

资本主义市场通过允许市场内部竞争，不断削弱公司赚取额外利润的能力。因此，公司管理者和所有者本身通常憎恨市场竞争，并设法阻止竞争。他们试图在该系统中弄虚作假，并通过各种规则来巩固自己公司的地位，防止竞争公司崛起。事实证明，他们通过弄虚作假捞到了不少好处。

早在1776年，亚当·斯密就观察到：只要是同一行业的人聚会，即使只是娱乐和消遣，聚会也是以密谋如何与公众对立或提高物价而结束。

亚当·斯密意识到，商人很少支持自由贸易。对于任

何现存的商业活动来说，自由贸易都是一种威胁，因为自由贸易体系使商业服从竞争的体系，它鼓励并允许竞争对手在你的产品或服务上超越你。

此外，亚当·斯密还意识到，企业更感兴趣的是对自己"优先照顾"的政府补贴和保护等特殊政策，它们希望政府帮助它们留住客户。他看到商人、商行、企业，甚至非营利组织都在不断试图组建工会，促使政府帮其建立垄断地位，向政府申请垄断权，或以其他方式操纵规则，以使其收入远远高于竞争市场所允许的高额垄断利润。因此，我们必须从资本家手中拯救资本主义。

你也许会认为这个问题很好解决，授予政府权力，制止资本家以这样的方式操纵竞争就好了。在某些情况下，这个方式可以起作用。但更多情况下，只会适得其反。"制止公司操纵竞争"的权力也可以操纵竞争，这正是那些有野心的人想要掌控的权力。

为了公共利益而调节经济的权力与分配利益的权力一样。比如，《职业许可法》名义上是为了保护公众，确保公众免受无良商家的伤害。事实上，也许公众可以凭此法要求医生获得执照后再行医，但是目前为止的经济学研究都无法证明，执行医执照可以提高医疗质量。这一点可能与你预期的恰好相反，甚至医生拿到行医执照能提高工资。《职业许可法》保护他们免受竞争,而不是保护公众。

如果太难理解,我们就比如理发。在美国的10个州,理发或编头发需要拥有理发或美容师执照。开理发店需要你投入数万美元,接受数千小时的课堂作业和培训。在其他15个州和华盛顿特区,你需要完成450小时的课程[7],其中大部分的课程都与美容理发没有关联。其他行业也存在类似的《职业许可法》规则。如果要追溯这些规则产生的原因,就会发现它们都出现在吉姆·克劳时代,为了防止低收入黑人商人与白人竞争。[8]我们几乎找不到证据证明这一系列规则保护了公众。[9]相反,这些法律主要是为了减少供应商间的竞争,然后人为增加现有制造商的收入。

当有权控制和操纵经济游戏规则的政府机构被创建后,公司和其他机构就会竞相游说、购买和控制这种权力。公司越是肆无忌惮,控制机构的风险越大,他们就会花更多的钱来获得控制权。政府监管机构与如高盛(Gold-Man Sachs)一般的精英金融公司之间存在一系列的"旋转门",这并非偶然。

美国人对利润抱有偏见。他们不明其义,认为所有的利润都是靠欺骗别人得来的。

但他们也不完全是错的,获得某些利润确实要欺骗别人,一些公司的利润确实是以牺牲其他公司的利益为代价的。农产品公司阿彻丹尼尔斯米德兰(ADM)在竞争激烈的市场中提供服务,诚实致富。但该公司也有部分利润来自操纵竞争。它从政府手里得到补贴,这意味着像你我这样的人交给政府的税款最终到了它的手里。它甚至要求我们即使再不乐意也要遵照法律购买其产品,而它从中受益。比如在汽油中加入玉米乙醇。按照政府规定,汽车中要加入10%的乙醇,名义上是因为它环保,其实是因为玉米生产商成功地游说政府通过了一项对自己有利的规定。[10]ADM还从人为抬高进口糖价格的法律中受益,从而诱使可口可乐等公司使用国产的玉米糖浆。该公司非常擅长游说,它的利润率的确在某种程度上反映了它操纵竞争的程度。

我举这个例子的目的并不是要反驳我之前的观点,只是想补充另一个层面:想要知道某个公司的财富是否良性,需要知道它是如何赚来的。一家公司通过获取政府恩惠,欺骗和欺诈,或胁迫消费者而获得的利润,就是不良利润;如果它与乐意交易的哈里合作获利,而让无辜的旁观者鲍勃承担成本,那是不良利润。但是,如果它没有从优惠政策中获利,没有欺骗、欺诈或胁迫,也没有让别人承担成本,那就是良性利润。(正如我们在上文中看到的那样,即使市场上的一些人一穷二白起家,情况不能更糟时,这一点仍然成立。)

那么,为了全面评估市场,你需要知道市场腐败的程度有多深。公司与政府勾结以获得特殊优惠的程度有多深?

市场竞争力如何?现实市场越是接近经济学家的竞争市场模型,现实生活中的利润就越是服务的前提。市场上成功与否取决于能否从政府那里获得优惠条件,你越是有裙带资本,你获得的利润就越是代表了剥削。

还有最后一点。许多企业游说政府,企图操纵规则,使之对自己有利。游说者和特殊利益集团最后经常能被赋予起草规范其行业的法案的权力。[11]我们可能会问,谁该为此负责?除了政客、游说者和特殊利益集团,可能最应该责怪你自己。当你给承诺加强行业监管和扩大政府对经济进行干预的政客投票时,你最终所做的——尽管不是出于本意——是增加了权力寻租("寻租"指的是个人或公司改变规则、条例或法律,牺牲他人的利益为己谋利的行为)活动的价值,使企业和特殊利益集团更加欺行霸市。当你以约束ADM为目标给监管部门投票时,你实际却是在帮助ADM欺骗系统。为了自身利益,ADM将获得很大一部分权力。

衡量一个国家的"寻租"程度是极其困难的,存在如何定义的问题:我们是否要衡量在"寻租"上花费的金额?"寻租"对经济造成了哪些无谓损失?还有其他哪些损失?除此之外,即使我们知道我们想要衡量什么,弄清楚衡量方法也比较困难。

然而,无论我们使用哪种方法,我们似乎仍然发现政府对经济的干预力度与腐败或"寻租"的活跃程度之间存在很强的相关性。

例如,请看图4.1。加拿大智库弗雷泽研究所(Fraser Institute)每年都会发布一项指数,对不同国家的经济自由度进行评分。这里,我用2016年的分数来特别说明各国不受政府干预的程度(分数越高,程度越低;分数越低,程度越高)。然后我用它与研究机构透明国际(Transparency International)2016年的评分相比较,去查看一个国家被公认的腐败程度高低(分数越高表明腐败程度越低,反之分数越低意味着腐败程度越高)。

如图4.1所示,政府干预越多,腐败程度就越高。两个分数之间的社会科学方面相关系数高达698。你可能也注意到了,最自由的国家指数明显高于趋势线。

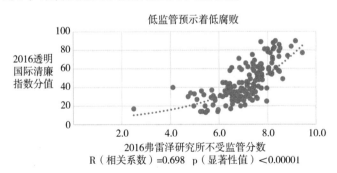

图4.1 政府干预与腐败程度的关系

图4.2的调查与其类似，但表明了与经济的整体自由相比较，各国的腐败感知指数得分。这个调查再一次说明，一个国家越自由，腐败程度就越高。

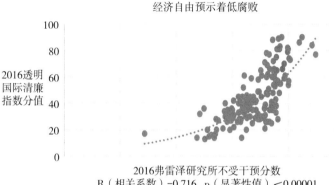

图4.2 经济自由和腐败程度的关系

有时政府干预可以被用来控制和保护公众免受无良公司的侵害，但无良公司本身可以从精心制定的针对性法规中受益。政府干预得越多，被无良公司利用为其谋利的机会就越多。亚马逊就游说支持征收网络销售税，使其竞争对手易贝（eBay）处于不利地位。之前公布的文件表明，现已破产的安然（Enron）公司正在游说政府制定有利于自己天然气产品的总量管制与交易条例，去应对其竞争对手——煤炭行业。[12]因此，这就是干预的基本悖论：要支持加强干预，你就得承认广大无组织的消费者、纳税人和公众比起有组织、有动机、在华盛顿特区办公的特殊利益集团，会更有效地为自己的利益进行游说。你也得了解，那些享受集中利益并分摊成本给他人的人的效率，实际比不上那些接受分散成本的大众。

想要发财也无可厚非

# 第五章
## 富国与穷国

人们认为赚钱不可取,因为利润具伤害性,然而这种观点是错误的。他们认为赚钱意味着剥削、敲诈和伤害他人。恰恰相反,如我们所见,在一个正常且运转良好的市场中,赚钱的同时也是在帮助别人。当然,那些通过欺骗或操纵系统来赚钱的不算,这不在规则内。这种赚钱不是通过正常交易,而是利用政治权力强迫人们的交易。事实上,人们试图阻止这种方式,但情况往往会变得更糟。

也许现在你从微观层面上理解了这一点。史蒂夫·乔布斯比你富有,因为他与其他客户进行了大量交易,而你要少得多。他有很多贸易伙伴,且为他人创造了很多价值;而你既没有那么多贸易伙伴,又不能创造很多价值。无论他个人的缺点是什么,他之所以变得富有,是因为在服务他人方面,要比幼儿园老师、大学教授、消防员、士兵或牧师付出的都要多。

所以也许我们不应该如此质疑富人。但是你可能想知道，从整体来看，富裕国家是什么样子的呢？在一些国家——如美国、新加坡或荷兰——几乎每个人都是富人。回想一下，正如我们在第二章中讨论的那样，即使你在美国处于所谓的"贫困线"之列，财富也位列当今世界人口的前1/5，以及有史以来所有人口中的前1%。在其他国家，大多数人才是真正的穷人。

正如人有富人和穷人之分，国家也分富国和穷国。今天，许多人认为或倾向于认为，国家财富的这种差距一定是非法所得或某种罪恶造成的结果。许多人认为富国之所以富裕是因为他们损害了穷国利益。他们可能相信以下任意一项说法。

1. 一些国家富裕而另一些国家贫穷的原因在于自然资源在全球分布不均衡。富国之所以富有，是因为他们拥有或曾经拥有比穷国更多或更好的资源。

2. 一些国家富裕而另一些国家贫穷的原因是富国（通过征服、殖民主义和帝国主义）从穷国掠夺资源。

3. 一些国家之所以富有，是因为他们从奴隶制中受益颇多。

如果这些说法中的任何一项成立，也许富国之富确实是不可取的。当然，我们也不必为过去的罪恶负责。但如果一些国家的富裕只是因为足够幸运，拥有丰富的自然资源——这肯定听起来不公平,或至少不值得赞美或欣赏——那是无可厚非的。如果他们富有是因为掠夺其他国家,那么也许我们今天交易的都是不义之财。

如果以上三种说法中的全部或部分是事实,我们目前也还不清楚关于这一点我们应该怎么做。(我们将在下一章中看到,"归还"比想象中更难)但这肯定会让我们很难为自己国家的总体财富水平感到开心。

问题是,经济学家对这三种说法都进行了细致的分析。自然资源在全球范围内的分布是不均衡的,这是事实。有些国家比其他国家拥有更好的资源。许多国家——包括英国、美国、荷兰、比利时、法国和日本——都作为帝国主义掠夺过其他国家,这是事实。许多国家,如美国,有可怕的奴隶制遗留问题,这也是事实。这些都是无可争议的事实。高中历史老师可能告诉你,这就是一些国家富有而另一些国家贫穷的原因。

经济学界则认为,富国之所以富,是因为它们有良好的制度。[1] 经济学中的主流观点是,持续的经济增长源于良好的经济和政治体制。诺贝尔奖得主道格拉斯·诺斯(Douglas North)写道:"制度是社会的游戏规则,或者更规范地说,制度是人类设计的制约因素,它决定了人类的相互作用。"这些规则可以以不同的方式(有害的或有益的)为社会交往条件。以最富有成效的方式设定这些条件是解释经济增长的关键,这种观点很快在经济学中占据主导地位。虽然大家都不认为制度是最重要的,但人们普遍认为制度的重要性是最重要的。正如经济学家丹尼·罗德里克(Dani Rodrik)所总结的那样,研究表明"制度的质量胜过一切"。在本章中,我将就这一点做出简短的解释。

三个具有误导性的思维实验

首先,我们来分析三个思维实验。

这些思维实验是为了引起某些道德本能,思考关于对与错的判断,以及谁欠谁的问题。许多哲学家和普通人认为,现实世界是或曾经是类似于这些思维实验的。如果这样的话,那么这些实验将有助于澄清如何思考现实世界的问题。

下面看第一个思维实验。

曾祖母的馅饼:一位曾祖母为她的195个曾孙做了一个巨大而美味的馅饼。然而,出于某些原因,她把80%的馅饼给了20个曾孙,而其他175个曾孙只得到了20%的馅饼。

大多数人看到这个思维实验时,都会认为20个孩子得到这么多,而其他175个孩子得到这么少,是不公平的。他们的结论是,也许这20个孩子应该与其他175个孩子分享他们的大馅饼,以让分配更加公平。这20个孩子不应该为获得大馅饼而感到骄傲,他们并没有配得上的行为。

这个思维实验将国家比作曾孙,自然资源比作馅饼,最富有的20个国家之所以富有,只是因为它们的自然资源比其他175个国家更好。如果这个类比成立的话,那么沾沾自喜地认为"美国人很有钱,因为美国多伟大"就是一个错误。实际只是因为美国很幸运:它的领土上有更多的"好东西"。

下面来看第二个思维实验。

被盗的手表:你的曾祖父从鲍勃的曾祖父那里偷了一块手表。你很肯定,如果你的曾祖父没有偷走这块表,鲍勃的曾祖父就会把它遗赠给鲍勃。

大多数人对这个思维实验的反应是,虽然你自己并没有做错什么,但你仍然不配拥有那块表。那块表不适合被当成传家宝,它是家庭的耻辱。你应该把表还给鲍勃,它本就应该属于鲍勃。

这个类比是说最富有的国家之所以富有,是过去他们的公民偷走了如今贫穷国家的人民的东西。大英帝国被称为日不落帝国,是因为它同时掠夺了美洲、印度、中东、非洲大部分地区和澳大利亚的资源。我们之所以富有,是因为我们的祖先,或者至少是在我们之前生活在这片土地上的人们，是一群小偷。难怪以前的殖民地大多很穷——他们已被洗劫一空。

下面再看第三个思维实验。

曾祖父的种植园：你的曾曾祖父曾在密西西比河畔拥有一个巨大的棉花种植园。他在内战前卖掉了园内所有东西和所有黑奴。从那时起，他的遗产代代相传，他的子孙投资有方，现在也依然富有。

大多数人读到这个思维实验时，他们的反应与读"被盗的手表"实验时的反应相似。当然，你个人并不是造成奴隶制的原因，你自己并没有做错什么。为了保持多代人的富足，也许你的家族不得不做出各种谨慎和明智的选择，以维持家族的财富。尽管如此，你的家族财富最终还是源于奴隶制，你不能为你的家族财富和所拥有的地位感到骄傲。

有些人认为，这个思维实验可以类比整个美国。在他们看来，美国之所以富有，不是因为良好的制度，而是依靠系统地剥削奴隶得来的。[2]历史学家爱德华·巴普蒂斯特（Edward Baptist）断言称，"棉花垄断的收益为美国经济其他部分的现代化提供了动力"[3]。他并没有简单地声称奴隶制是一个重要的制度，或者说它是美国一些资本积累的原因；相反，他声称奴隶制是美国财富的核心原因。

我对这些思维实验没有疑义。和大多数人一样，我也直觉地认为馅饼分配不当，手表应该还给鲍勃，家族财富是可耻的。

问题是如何应用这样的思维实验。资源在各国之间分配不均，许多富国进行了帝国主义掠夺，奴隶制是巨大的罪恶。然而，经济学领域对这些问题进行了细致的研究，结果发现从历史记载中衍生出的思维实验与如何评估富国和穷国之间的差距基本上毫不相关。

大富裕与大分流

历史上曾经一度没有富国，只有穷国。过去，所有人都是穷人。一个地方的收成可能比另一个地方略好，但各地普通人的生活标准是一样的，他们生活环境肮脏、营养不良、贫困且不曾受过教育。在人类历史长河的大部分时间里，只有经济停滞不前这一个状态。

1821年，西欧尽管仍然非常贫穷，但比世界上大多数国家都要略微富裕。1821年，西欧与世界平均水平之间的差距以人均GDP计算约为2∶1。最富和最穷的国家之间的差距约为5∶1。[4]

如果进一步追溯历史，这种差距就会消失。在公元1000年，所有地区的人都有大致相同的（贫穷）生活标准。[5]

不过，在过去的几百年里，这种情况发生了变化。从几百年前的英格兰和荷兰开始，然后是其他地方，一些国家开始变得越来越富有。他们的经济增长速度超过了人口增长速度。很多人都从经济增长中获益，普通人和平民百姓变得更加富有。我们把这种现象称为大富裕。

大富裕也是大分流。当大富裕开始时，西欧和西欧分支国家比其他国家更快富裕起来。因此，全球不平等的情况加剧，西欧国家的人和其他国家的人的生活水平差距拉大。今天，如列支敦士登和卢森堡等富国的人均GDP产值是布隆迪等一些最贫穷国家的300多倍。[6]这并不意味着列支敦士登人的消费是布隆迪人的300倍，毕竟GDP从根本上说衡量的是生产或产出，而不是消费。但他们肯定享受着更高的生活水平。

经济学家安格斯·麦迪逊总结了如下趋势。

在公元1000年时，区域间的经济差距确实非常小。到2003年，所有地区的收入都增加了，但最富和最穷的地区之间达到18∶1，国家内部的差距更大。

我们也可以看到西方（西欧、美国、加拿大、澳大利亚、新西兰）和世界其他经济体之间的差别。西方的实际人均收入从公元1000年到1820年增加了2.8倍，从1820年到2003年增加了20倍。在世界其他地区，收入增长要慢得多——从公元1000年到1820年增长了0.25倍多一点，从1820年到2003年增加了7倍。

图5.1使用了经济学家安格斯·麦迪逊的历史数据，显示了从公元元年到2003年的人均GDP变化。图5.1同时显示了大富裕和大分流现象。

我压缩了公元元年到1500年之间的时间，因为这段时间经济上没有发生什么明显变化。世界各地的平均生活水平在公元元年都是很低的，在公元500～600年间有一点下降，并在之后稍有上升。但大约在公元1500年之前，曲线基本保持平缓。

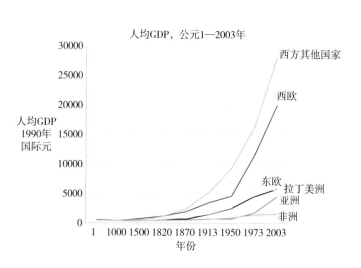

图5.1　地区人均GDP随时间变化图

请注意，这的确是一次大富裕现象。西欧国家和欧洲其他国家（加拿大、澳大利亚、美国）变得更加富有，但其他国家也是如此。

并不是欧洲变富裕的程度和速度与其他国家变贫穷的程度和速度相等。如果发生了这种情况，表明不是大富裕，而是大规模再分配或大规模重新分配，欧洲的收益只是非洲和亚洲的损失，是对固定财富存量的零和再分配。然而，我们看到的事实并非如此。相反，所有国家一开始都很穷。在过去的500年里，一些国家变得稍微富裕，而其他国家则变得非常富裕。

经济学家的想法：制度理论

亚当·斯密在1776年写下了《国富论》，当时正值大富裕和大分流的开始。他环顾周边国家，发现一些欧洲国家的普通公民，如英国人和荷兰人，明显比其他欧洲国家的人，如西班牙人或法国人更富有。鉴于当时的传统观念，这个事实令人感到费解，因为西班牙和法国的自然资源更丰富，国土面积也更大。如果自然资源和国土面积应该使国家变得富有，那么为什么法国和西班牙不是最富有的国家？

亚当·斯密认为，国家富有的根本原因，不在于自然资源，当然也不是国土面积。（我们将在下文中讲到，他证明了帝国主义对殖民地国家是有害的，这让所有人都感到惊讶。）这并不是说有些国家的人民更有素质，更聪明，或更优秀。相反，是因为某些国家的制度比其他国家好，他们鼓励人民，使人民的工作方式更加有效，提高生产力，从而让每位公民，甚至最贫穷的公民，都变得更富有。对于别国，事实上，在亚当·斯密写《国富论》的时候，大多数国家都有糟糕的制度。他们由榨取式领导人统治，这些人通过榨取人民的收入和控制国家的自然资源来获得金钱。这些糟糕的政策阻碍了普通人的生产力，从而让穷人始终贫穷，从古至今这样的事情都不少见。

历史学家通常没有接受过经济学或更广泛的社会科学方面的教育，他们倾向于认为财富的差异是由资源或领地造成的。然而，如今，经济学家反而同意亚当·斯密的基本推论。富国之所以富，是因为它们有鼓励经济增长的制度；穷国之所以穷，是因为它们有抑制经济增长的制度。

那么，哪些制度会鼓励经济增长？经济学家们对这些问题的细节进行了激烈的争论。基本的共识是，国家需要：A.有力保护私有财产；B.开放和自由的市场；C.实施法治；D.稳定和包容的政府。像瑞士、加拿大、丹麦、新加坡以及中国香港,这些国家或地区因采用以上制度而变得富有,相反缺乏这些制度的国家几乎总是贫穷的。

此外,当国家制度向以上4条制度靠拢时,会变得更加富有;远离时,会变得更加贫穷。例如,经济学家彼得·利森(Peter Leeson)研究了1980年至2005年间,资本主义程度较高或较低的国家发生了什么(以世界指数中的菲莎经济自由度衡量)。资本主义程度较高的国家,人均实际收入增加了33%,预期寿命延长了5年,人均额外受教育约1年半,民主程度显著提高。资本主义程度较低的国家收入停滞不前,预期寿命下降,民主程度降低。

弗雷泽(Fraser)研究所每年都会发布一份报告,根据各国对经济自由的承诺对其进行排名,其中考虑了获得稳健货币、自由贸易、创业和经商的便利性、投资资本的便利性、产权保护以及政府对经济的控制或操纵程度等因素。根据报告,经济最自由的国家包括澳大利亚、新西兰、加拿大和瑞士。每年,国家的经济开放和自由程度与其公民的幸福、健康和富裕程度之间都存在着强烈的相关性。例如,图5.2显示了人均GDP与弗雷泽研究所的经济自由度评级之间的关系。图5.3出自詹姆斯·格沃特尼(James Gwartney)、罗伯特·劳森(Robert Lawson)和约书亚·霍尔（Joshua Hall）的《世界经济自由：2016年年度报告》，它显示了经济自由度与收入处于最低10%的人在任何福利支付或转账之前获得的绝对收入水平之间的关系。

若想通过严格的统计分析来证明有因果关系而不仅仅是相关关系，可以阅读脚注中的论文。我在此的目标是总结经济学家的想法和原因。

达龙·阿西莫格鲁（Daron Acemoglu）和詹姆斯·罗宾森（James Robinson）认为，创造增长的制度和阻碍增长的制度的主要区别在于，是倾向于授权和激励人们为彼此的利益工作，还是授权和激励人们互相掠夺。

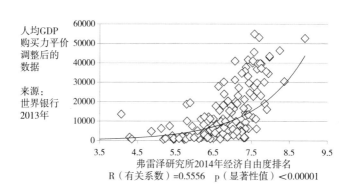

图5.2 经济自由度评级和人均GDP

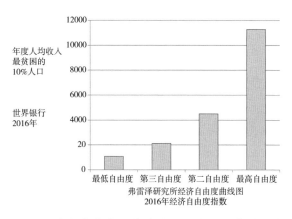

图5.3 经济自由度和最贫穷的10%的人所获得的收入

他们所称的包容性制度,如开放的市场和对私有财产的有力保护,赋予了整个社会的人以权力。他们激励并使大多数人进行长期投资,参与互利的资本积累。相反,如果政府拥有自然资源的独裁开采权,或寻租者操纵规则,过度监管经济的话,这些榨取性制度将只赋予部分人权力,因此往往只惠及一小部分人,而牺牲其他人的利益。

阿西莫格鲁和罗宾森解释到,包容性经济体制是指允许并鼓励广大人民群众参与经济活动,使他们的才能和技能得到最大限度的发挥,并使个人能够做出他们希望的选择。要实现包容性,经济体制就必须以安全的私有财产、不偏不倚的法律体系和提供公共服务为特征,为人们提供公平的竞争环境,使人们能够进行交换和签订合同,同时还必须允许新企业进入,允许人们选择自己想从事的职业。

与之相对的,有些国家之所以失败,是因为他们的剥削性经济体制没有为人们创造储蓄、投资和创新所需的奖励。剥削性的政治制度通过巩固从剥削中受益之人的权力来支持这些经济机构。在许多情况下,如在阿根廷、哥伦比亚和埃及,失败的原因是缺乏足够的经济活动,因为政客们太乐于开采资源或平息任何威胁他们自己和经济精英的独立经济活动。在一些极端的情况下,如在津巴布韦和塞拉利昂,剥削性制度为国家的彻底失败铺平了道路,不仅破坏了法律和秩序,甚至还破坏了最基本的经济激励制度。其结果是经济停滞不前,此外还有内战、人民大规模流离失所、饥荒和流行病,使许多国家现如今比20世纪60年代更穷,安哥拉、喀麦隆、乍得、刚果民主共和国、海地、利比里亚、尼泊尔、塞拉利昂、苏丹和津巴布韦的近代史就是最好的证据。要注意,不要把财富的制度理论解读为赞美富国或指责穷国。某些国家偶然发现了好的制度,而其他国家则陷入了坏的制度,这往往是一个历史的意外或高度偶然的结果。亚当·斯密和当代经济学家并不认为英国之所以富裕,是因为它有更好的人民,而人民又选择创造更好的制度。他们也不认为布隆迪人民选择了剥削性领导人统治,或者做了什么事,从而应当承受这种命运。

制度理论在某些方面是鼓舞人心的。它意味着致富不需要剥削,不需要好的资源,甚至不需要好的人民。但在有些方面,制度也很无奈。虽然我们知道哪些制度会带来繁荣,哪些制度会影响繁荣,但我们不知道如何让那些不良制度的国家采纳良好的制度。我们没有一个很好的"社会变革"理论。此外,不良制度的国家领导人几乎总是凭借这些制度获利,通过剥削人民或卖人情来谋生。

反资源论

"曾祖母的馅饼"的思想实验让人觉得,一些国家之所以富,另一些国家之所以穷,是因为富国比穷国拥有更多更好的自然资源,这叫资源理论。从某种意义上说,国界确实是任意、偶然、随机的历史环境的结果。但是,资源理论认为,由于曾经的好运气,一些国家最终拥有良好的资源,而另一些国家则没有。那些拥有良好资源的国家变得富有,那些拥有不良资源的国家变得贫穷。哲学家、历史学家和普通人往往只是一厢情愿地认为资源理论是正确的。

经济学家对资源理论进行了细致的实证审查,认为该理论并不成立。经济学家大卫·威尔(David Weil)写了

《经济增长》(Economic Growth)一书,这本书现在已经是广为流传的经济学教科书。书中对大量的实证文献进行了总结:"自然资源对收入的影响充其量是微弱的。"事实上,发现自然资源的能力也取决于制度,拥有市场导向制度的国家在发现其自然资源方面远比非市场制度的国家做得好。

例如,20世纪50年代后的中国内地始终比新加坡或中国香港更穷(按人均收入和其他标准衡量),尽管后者几乎没有自然资源可言。苏联在整个20世纪仍然比美国穷,尽管苏联的自然资源要好得多。朝鲜仍然很穷,而韩国变得富有,尽管朝鲜一开始就有更强的工业生产能力和更好的矿产资源。在亚当·斯密的时代,荷兰和英国比法国更富有,尽管法国拥有更好的自然资源,而荷兰国土有一半以上低于或几乎水平于海平面,这样的例子还有很多。

事实上,虽然自然资源有时可以促进经济增长,但更多的是抑制增长。经济学家将这一问题称为"资源诅咒":拥有高度集中的易开采自然资源的国家经常经济停滞。

关于资源诅咒存在的原因,有一些相互矛盾的理论,不过更准确地说,这些理论在很大程度上是兼容的,而且可能会从中找出共同的原因。其中一种理论提到,拥有丰富自然资源的国家，没有发展出经济腾飞所需的文化属性。另一种理论指出，资源丰富的国家往往只是以不可持续的方式开采资源，他们不发展资本，而是将额外的收入消耗殆尽。还有一种理论，即"荷兰病"理论，认为资源突然丰富会导致制造业萎缩。

最后，如今比较流行的一种理论（被认为是揭示最重要原因的理论）是，当一个国家享有丰富的资源时，政府会因此采取破坏性的行动。政府官员可以为自己的私利榨取资源，并且会无视或压迫自己的人民。争夺资源控制权可能导致内战。或者，更简单地说，政府可能会制订不可持续的福利计划，这些计划只有在资源商品价格居高不下的情况下，他们才能负担得起。委内瑞拉就是一个典型的例子。

不管怎么说，虽然非专业人士经常认为资源理论是正确的，但经济学家大多不同意该理论。诸多证据则表明，经济学家是正确的。

反帝国主义理论

在"被盗的手表"思想实验中，你继承了一块高级手表，然而这块手表是你的曾祖父从别人那里偷来的。许多非专业人士、著书探讨全球正义的哲学家和信奉马克思主义的历史学家认为，这种盗窃行为造成了全球的不平等。他们认为富国通过征服非洲、南美和亚洲的部分地区而变得富有起来。这些国家能积累资本是因为它们掠夺了被征服国家的资源。今天，富国仍然富有，因为他们继承了掠夺的财富。这种理论被称为大分化的帝国主义理论。

例如，哲学家托马斯·波格（Thomas Pogge）提出，现有的严重不平等因其在历史过程中不断累积而劣迹斑斑，这个历史过程深受奴役、殖民主义甚至种族灭绝的影响。富人很快就指出，他们与祖先的罪孽无关。的确如此，但他们又怎么能有权享受这些罪恶的果实，怎么能继承遥遥领先世界其他地区的权力和财富？[7]

根据这种观点，帝国主义者的资源开采方式解释了（或有助于解释）为什么第一世界的国家变得富裕，而第三世界的国家却变得贫穷。

我们甚至不用做任何严谨的经济分析，即使从表面上看，帝国主义理论也有一些问题。首先，回顾一下图5.1，我们会发现，在1500年之后，几乎每个人都在变得更富有，最差也是保持不变。如果欧洲的富裕是建立在世界其他地区损失之上的话，我们就会看到欧洲变富的速度应该等同其他地区变穷的速度。如果是这样的话，我们会看到收入重新分配，并且收入的总量保持不变。

但是图5.1显示的并非如此,我们可以从图5.1中看出,总收入实际上增多了。欧洲比其他国家富得更快,但其他国家也变得更富了。因此,任何相信帝国主义理论的人都需要解释,欧洲的盗窃行为是如何创造财富并使每个人都变得更富有的。也许帝国主义理论的捍卫者会假设,欧洲列强只是在利用殖民地以前未使用的资源,他们砍伐森林或开采未使用的黄金。

不过,第二个问题是,历史事实与帝国主义论调并不完全一致。在帝国扩张的大部分时期,西班牙是最大的帝国,但它仍然比英格兰或英国穷。(我们接下来会讲到,这并不是偶然。)为什么俄罗斯这个拥有丰富自然资源的庞大帝国并没有变得更富有?美国和德国先富起来,然后成了庞大的帝国。瑞士没有发展成帝国,却成了富国。第二次世界大战后,新加坡、韩国变得富有,但它们也没有成为帝国。日本在19世纪末到第二次世界大战期间建立了帝国,但直到战争结束,帝国主义覆灭后,日本才变得富有。英国人虐待爱尔兰人,使其忍饥挨饿,但爱尔兰从1970年到今天,其人均GDP翻了两番,现人均比英国富裕得多。

此外,纵观全世界的历史,许多国家都建立了庞大的帝国。如果帝国主义如此有利可图,并且是经济增长的关键,那么为什么蒙古、阿比萨德、倭马亚、巴西、罗马、马其顿、奥斯曼、波斯、阿兹特克或美洲、欧洲、亚洲或非洲的无数其他巨型帝国没有造成早期的大富裕与大分流？帝国主义并不是1942年于西班牙产生的，也并不是说这些早期的帝国特别仁慈，或者说早期的帝国没有压榨新臣民和窃取资源。这些帝国怎么了？

然而，欧洲列强（以及后来的日本）踏上了帝国主义的扩张之路，这确实是事实。帝国主义的一些影响是长期的。有证据表明，当西班牙统治者放弃建立矿业帝国并结束残暴统治时，一些土生土长的统治者掌握了这些采集机构的控制权。由于这些地区之前还是殖民地，现如今这些地区的情况可能更糟。[8]当然，我们很难去定义反设事实。如果比利时从来没有派军队进入刚果，那么今天的刚果会是什么样子？如果是英国而不是葡萄牙殖民者征服了这片土地，或者如果从来没有人征服过这片土地，这个今天我们称之为巴西的土地会变得更加富裕和管理得更好吗？

无论如何，很显然从14世纪开始，许多欧洲列强建立起了庞大的帝国。他们谋杀、压迫、奴役他人，窃取土地，从中榨取资源。然而，帝国主义理论的问题在于，这些事实不足以证明欧洲列强的财富是非法所得。

亚当·斯密的《国富论》不仅仅对制度理论进行了辩护，也首次对帝国主义进行了持续、严格的经济批判。亚当·斯密仔细收集了有关欧洲列强从各自殖民地榨取的原材料价值的数据。他仔细分析了帝国主义贸易限制的各种后果,并研究了欧洲列强为谋杀和掠夺付出的代价。毕竟,掠夺也要花很多钱。他估计英国在七年战争(1756-1763)期间耗费了约9000万英镑,在1739年与西班牙的战争中耗费了4000万英镑。

简而言之,《国富论》对帝国主义的收支做了分析。最后,亚当·斯密发现,帝国甚至不为自己的行动买单。(亚当·斯密认为,忽视被征服民族的福祉是一个严重的道德错误,但他指出,即使我们这样做,帝国仍然会收支不平衡。)相反,亚当·斯密发现,帝国列强在获取和维持其殖民地方面的成本超过了他们从殖民地获取的原材料和其他商品及服务的价值。他认为,大英帝国领导人欺骗他们的臣民,使他们以为自己拥护着一个富饶的帝国。可事实上,英国臣民为维持这个帝国而缴纳的税款比他们获得的福利还要多。

实际上,亚当·斯密认为,现实甚至比这还要糟糕。部分原因在于,帝国主义列强还鼓励效率低下的生产方式。例如,英国为了限制弗吉尼亚州的贸易,只允许它向英国出售烟草。英国人可能认为他们因此在烟草上获利颇多,但相反,此举意味着弗吉尼亚州没有在生产方式上投入更多的资金，也没有形成规模经济。殖民地的贸易限制损害了英格兰和其他很多国家的经济发展。

想象一下，我花1000美元买了凶器，然后持凶器抢劫别人。但是抢完之后，我只收了500美元。当然，抢劫不是正义之举，但这500美元不是天上掉下来的馅饼。这是因为，我，也就是抢劫犯，在抢劫中损失了钱。

更多更确凿的实证研究证据印证了亚当·斯密的结论。即使大家的关注点仅仅局限于帝国主义列强的经济利益（而忽视他们对所征服国家造成的伤害），帝国主义仍不会为自己的行为买单。

有人可能会问，如果建立帝国如此糟糕，为什么这么多国家奉行帝国主义呢？一个原因可能是他们被误导了，就像今天的大多数人一样。他们没有仔细注意数据，认为答案是显而易见的。但更深层次的原因是，把整个国家比作一个偷手表的曾祖父，或者一个无能的小偷，他买凶器的钱比偷窃得到的钱还多，这种做法显得既愚蠢又天真。

国家是由不同的人组成的，他们有着不同的权力水平、不同的利益。建立帝国的利益集中在少数拥有广泛政治人脉的人身上，比如武器制造商、某些垄断贸易公司、军队以及国王和王后。这些成本（超过了收益）反过来又转嫁到了无助、不幸的大多数人身上，他们中有被迫为战争买

单的纳税人、被迫战斗和准备牺牲的士兵,以及被迫支付高昂价格的消费者们,而在很多情况下,这个价格是人为抬高的。⁹

"被盗的手表"的思想实验具有误导性,因为它得到的事实是错误的。这个比喻很不恰当。在那个思想实验中,你从你的曾祖父的偷窃中获益。一个能够更准确地替代"被盗的手表"的思想实验应该如下文所示:

> 400年前,西班牙女王派遣她的军队屠杀、奴役美洲的人民,掠夺美洲的资源。女王向她的臣民征税来支付战争的费用,并强迫许多臣民去战斗,甚至在战争中牺牲。臣民们从西班牙殖民地获得的原材料的价值低于他们缴纳的税款和其他成本,但女王能够无视并凌驾于臣民的利益之上——她毕竟是女王。结果,西班牙公民陷入前所未有的贫穷境地。也许——尽管一言难尽的是——现在西班牙公民相较从前更穷,就是因为当年他们的王后和国王浪费了太多的人力和物力,斥资帝国建设。

托马斯·波格认为前帝国主义列强从他们的殖民帝国中获益,所以他认为我们现在的财富是非法获得的。但更准确的说法是,帝国主义造福殖民国家的少数人,伤害了殖民国家的大多数人,极大地伤害了殖民地的人民。

反奴隶制思想

美国的奴隶制是残忍和不人道的,我个人不是道德相对主义者,我不会因为奴隶制在当时是"正常的",而为乔治·华盛顿(George Washington)或托马斯·杰弗逊(Thomas Jefferson)开脱。我觉得我们应该拆掉南方联盟的雕像。

1860年美国人口普查结果是,当时美国约有3140万人口,其中390万是奴隶。在美国内战前夕,有12.4%的人口被奴役。[10]以2016年美元价格计算,1860年一个奴隶的平均价格约为800美元,这意味着这些奴隶在2016年的总价值约为31亿美元。[11]经济学家罗杰·桑瑟姆(Roger Sansom)和理查德·萨奇(Richard Sutch)估计,1860年,美国南方大约一半的财富(不是收入,而是财富)是奴隶创造的。

尽管如此,奴隶制能在何种程度上解释美国过去或当前的经济繁荣景象,仍是一个复杂的实际问题,同样需要复杂的经济分析。幸运的是,许多经济学家做了这样的工作。他们的普遍共识是,奴隶制确实给奴隶主带来了经济利益,但它不是一种特别有效的生产形式,也不能解释为什么一些国家富裕而另一些国家贫穷。

不过,内森·纳恩(Nathan Nunn)仔细调查了过去奴隶制对长期经济发展的影响,同时观察和纠正了其他混杂因素。他发现实行奴隶制与随后的经济发展之间存在着负相关关系。在所有条件相同的情况下,过去某个州或国家使用奴隶越多,现如今的经济情况就越糟糕。许多其他经济学家也发现了同样的结果。

然而,近年来,"资本主义新历史"运动中的一些历史学家声称,奴隶制是美国乃至世界其他大部分地区致富的主要原因(或至少是一个主要原因)。历史学家斯文·贝克特(Sven Beckert)、沃尔特·约翰逊(Walter Johnson)和爱德华·巴普蒂斯特声称,奴隶生产的棉花推动了美国经济的快速增长,同时也推动了欧洲的工业化和经济增长。贝克特特别提出了一系列关于奴隶生产的棉花对世界经济的重要性的荒谬主张,甚至断言工业革命发生的原因实际上是奴隶制度提供了大量的廉价劳动力。

他们如果对了那就糟了,但他们确实不对。事实上,他们要么工作吊儿郎当,要么就是彻头彻尾的骗子。[12] 经济学家艾伦·奥姆斯特德(Alan Olmstead)和保罗·罗德(Paul Rhode)对这些人的论点展开了系统性的批评。所以,我就不在这里一一列举"资本主义新历史学家"(New

Historians of Capitalism)的错误了。在这里,我将检查原始数据和那些历史学家所犯的最大错误。

《棉花帝国》(*Empire of Cotton*)一书的作者贝克特认为,奴隶制意味着允许美国人剥削非常廉价的劳动力。这反过来又使资本家积累了巨大的财富,所有的剩余价值都是从奴隶的身上榨取的。但贝克特的基本论点并不成立。正如奥姆斯特德和罗德指出的那样,《棉花帝国》中最令人费解的说法之一,就是认为内战前美国棉花种植者"享有大量廉价劳动力的供应,美国棉花种植者称之为'世界上最廉价、最有用的劳动力'"。贝克特断言,在印度和小亚细亚,劳动力比美国南部更稀缺。但事实显然并非如此。来自印度北部的资料记载,大约在1850年,一个印度农业临时工的年薪大约相当于15.8美元(300个工作日)。这大约是美国奴隶每年食品、住房、医疗保健和服装成本的1/4到1/2。大约在1850年,美国奴隶每年的生活费用估计在30美元到61美元之间。尽管詹姆斯·克罗珀(James Cropper)没有直接将美国奴隶的生存状况与废奴主义者进行比较,但他问道:"在孟加拉这样一个人口稠密的地区,工资水平被降至最低的生存水平,哪里有利润或动机让人沦为奴隶?"

最后,事实证明,雇用一个奴隶为你工作一年的成本可能是雇用一个印度人为你在印度种植棉花一年成本的10倍。

雇用奴隶并不特别划算，奴隶也不是特别低成本的劳动力。

美国奴隶的主要职责在于种植棉花，棉花无疑是南方以及美国和英国纺织业的重要作物，但我们不应夸大棉花生产的价值。奥姆斯特德和罗德说：

> 人们普遍认为，内战前棉花是美国出口的主要产品，但其出口总额占仅总收入的1/10。正如（他们文章中图表的）最下面那条线所示，棉花出口在国民生产总值中所占的比例非常小——在内战前的大部分时间里，这一比例不到5%。

尽管棉花是美国内战前最大的出口产品，但总体出口（包括棉花和所有其他出口产品）不到美国总收入的1/10。据估计，棉花在内战前约占美国国有产品的5%。在1860年，美国人口普查估计，1860年美国制造的所有棉花产品的总价值约为1.2亿美元，而估计所有产品的总价值为19亿美元。[13] 总的来说，棉花约占美国制造业和农业产量的1/20。当然，奴隶也被用于其他用途，而且并不是所有的棉花都是由奴隶采摘的。

然而，爱德华·巴普蒂斯特却耍了一些花招，试图表明，像这样相对较小的数字确实意味着棉花完全主导了美国

经济。他写道:

> 在奴隶制扩张的时代,棉花在美国经济中所扮演的角色,这里有一个粗略的解释。1836年,美国的经济活动总量,即所有产品和服务的价值,约为15亿美元。其中,棉花作物本身的价值(总磅数乘以每磅平均价格)为7700万美元,约占整个国内生产总值的5%。这个比例可能看起来很小,但在自给农业之后,棉花销售成了美国经济中最大的单一价值来源。然而,即使是这个数字,也很难衡量棉花直接产生的商品和服务价值。棉花海运到利物浦的运费、保险费和商业信贷利息总额将超过1亿美元。

接下来是包括生产棉花所必需的商品和服务的二阶效应,还有购买奴隶的成本——仅在1836年就可能达到4000万美元,这一年勾起了奴隶被胁迫长途跋涉的回忆。然后是购买土地,购买信贷的成本,在河岸边买的猪肉和玉米,奴隶们用来清理土地的斧头和他们穿的衣服,甚至是奢侈品和奴隶家庭的其他消费。所有这些成本可能加起来在1亿美元以上。

第三阶效应最难计算,其中包括磨坊工人和伊利诺伊州农场主花费的钱,支付给蒸汽船工的薪水以及贸易商的部分或全部收入。这些成本直接或间接来自西南地区。这些三阶效应还包括花在与棉花有关的贸易产生重大影响的社区中的费用。另一类这些效应是通过信贷进口的外国商品的价值维持的棉花的反向流动。<u>所有这些商品和服务加起来可能高达2亿美元。</u>考虑到1836年大多数商业信贷的短期性，每1美元"进口"的棉花将每年上交2次，总价为4亿美元。所有这些成本加起来超过6亿美元，几乎是1836年美国经济活动成本的一半，这些成本直接或间接来源于100多万奴隶生产的棉花。这100多万奴隶占美国总人口的6%，他们当年都是在奴隶制地区边境的劳改营里辛苦劳作的人。

太神奇了！不知为何，棉花竟占到了美国经济的一半！可美国人口普查局的数据和其他历史数据显示，棉花占内战前美国经济的比例最多不超过5%。

请记住，这些选段绝对是资本主义新历史叙事的核心。他们并不满足说棉花只占美国产量的5%，且大部分棉花是奴隶生产的。虽然上述的事人们都接受，然而，他们试图辩称，棉花实际上占到美国经济产出的一半左右，也占到了英国工业产出的很大一部分。还试图辩称，棉花既是推动工业革命的燃料，又是美国资本积累的基石。但问题是，上面的选段完全是无稽之谈。

我们先说其中比较小的错误。巴普蒂斯特并没有搞清楚什么应该纳入GDP的计算，什么不应该纳入。GDP应该只计入最终产品，不计入资产出售，如出售土地和奴隶。美国的GDP显然不应包括英国的运输和保险成本，但是巴普蒂斯特将其计算在内。[14]所以，巴普蒂斯特的数据是夸大的，虽然我怀疑非经济学家会认为我这是在吹毛求疵。（但事实并非如此——如果巴普蒂斯特只计算这些资产出售值，而不计算其他资产出售，计算结果的百分比将会明显上升。）

我将上面引用的部分句子加了下画线强调，目的是引起读者的注意。在下画线句中，巴普蒂斯特估算了各种商品或服务的价值。但正如经济学家布拉德利·汉森（Bradley Hansen）所说，巴普蒂斯特的估值似乎是凭空捏造的，因为其并未给出估值的数据来源和证据。关于"运往利物浦的棉花"的数值，他请读者参阅图4.1。但是，正如汉森指出的那样，"图4.1并没有提供读者所期望的，有关航运和保险的信息，甚至连1836年的相关信息都没有"[15]。就好像我写道，"巴普蒂斯特每年在袜子上的花费是10000美元（见图5.1）"，但是你会发现本章的图5.1中并没有巴普蒂斯特买袜子的相关信息。

巴普蒂斯特做得更糟，他不仅仅是在凭空捏造数据。为得出棉花占1836年美国产量的一半的结论，他像变魔术般将数值变大。注意，巴普蒂斯不仅剥夺了奴隶生产棉花的价值，而且把用于制造棉花的所有投入的价值与之相加。

但是，正如奥姆斯特德和罗德指出的那样——像我们在给ECON 101（经济学课程）上课的同学们讲的——这是重复计算。为了解释这个错误，我们可以打个比方。假设我做了一个派，卖了10美元。这10美元应该计算在GDP内。但假设，现在我说："好吧，为了做这个派，原料花了4美元，人工费是4美元。那么，这个派所代表的是18美元的经济活动和产出，包括8美元的成本价和10美元的销售价。"这错在：10美元的销售价格已经包括了8美元的原料和人工费。或者，再举个例子，"假设我的车卖了60000美元，但发动机值5000美元，轮胎值3000美元，前保险杠值2000美元等。制造汽车的工人得到了10000美元的酬劳，制造汽车用的电费是400美元。真的，如果把制造汽车所有的价值相加，再加上车本身的售价，你会发现制造一辆车的总产值就不只是60000美元了，而是120000美元"。很显然，我错在重复计算，将车的价值翻倍了。

这就是巴普蒂斯特在上述的文章中所做的，然而，奇怪的是，他连这都没有做好。他只重复计算了棉花的一部分投入。因此，他在理解如何衡量产出方面犯了一个基础错误，但在犯错误中又犯错误。

正如奥姆斯特德和罗德总结的那样：

例如，巴普蒂斯特断言，1836年的棉花产量价值约为7700万美元，占"整个国内生产总值的5%"（与图5.2一致）。但随后，通过重复计算和错误的国民产值核算，他将棉花的"价值"提高到6亿美元以上，"几乎是1836年美国经济活动的一半"。他的方法是这样的：他把用于生产棉花的投入的价值加起来，可是棉花的生产成本已经包含在棉花价格中，这就是重复计算了。他还增加了土地和奴隶买卖的估值，尽管资产出售不应计入GDP。此外，他还莫名其妙地加上了"磨坊工人和伊利诺伊州养猪户花的钱"等一系列花费。如果把棉花与其他初级产品的"价值"相加，从而扩大这种错误的方法论，那么棉花产量很容易就会超过GDP的100%，这当然是不合理的。

如果我们像巴普蒂斯特那样，分别计算最终产品的所有投入，加上最终产品与之相关的所有东西，那么我们得到的数字甚至会比巴普蒂斯特得到的数字还要大。我们可以得出结论，奴隶生产的棉花价值远远高于1836年美国的GDP，这显然是不可能的。

更糟的是，巴普蒂斯特之后试图证明每一种经济活动都在某种程度上与棉花有联系或者相关。然后，他将这些新的"三阶"活动的价值加上各种无中生有的估值放入他的最终计数中。因此，他得出结论，美国近一半的棉花产量是奴隶生产的。

为了说明这是错误的，我们可以再打个比方。假设你有一台生产小工具的机器，每年生产价值10亿美元的小部件。假设你发现机器上的一个1美元的螺栓是由奴隶生产的，那么，奴隶劳动对你的小工具制造的贡献是什么呢？正确答案：1美元。根据上文引用的相同的逻辑，巴普蒂斯特的答案是：10亿美元。巴普蒂斯特的逻辑是：假如我今天花了10美元吃午饭，我在乔治城大学工作，且乔治城今年的总花销是6.2亿美元，那么这意味着我10美元的一餐饭相当于6.2亿美元的产出。

实际上，经济学家迈克尔·马科维（Michael Makovi）对我说，巴普蒂斯特的做法更匪夷所思。在上文引用的巴普蒂斯特文章的第二段中，巴普蒂斯特"估计"，或者说发现，1836年，美国所有棉花的制造费用是1.23亿美元。他声称，棉花本身价值7700万美元，另需要2300万美元用于运输和保险。但是，运输和保险的费用包含在成本内。在第二段中，他再次引用，或者说编造了成本达1亿美元的说法。他说，"所有这些加起来大约是1亿美元"。

我们在第三章中讲过，利润等于收入减去成本。因此，根据巴普蒂斯特自己的数据,他不应该得出棉花利润丰厚,甚至在某种程度上促进了美国繁荣的结论。相反,如果棉花售价为7700万美元,但制造成本为1.23亿美元,那么棉花生产每年损失的价值为4600万美元。但是根据巴普蒂斯特自己编造的数据,他不应该辩称棉花是美国繁荣发展的原因。相反,他应该好奇的是,既然棉花生产每年都造成巨大的经济损失,那么美国是如何富裕起来的?

资本主义新历史的中心论点还有其他一些问题。首先,如果真如这些历史学家声称的那样,奴隶制是使美国繁荣的原因,那么废除奴隶制应该会对美国经济造成严重影响。那么在1865年废除奴隶制的时候,国内生产总值应该急剧下降。但是,请看图5.4。

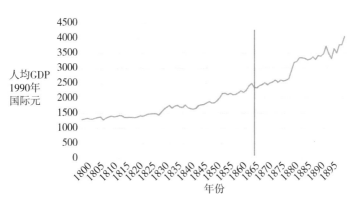

图5.4 美国内战前后人均GDP

这是麦迪逊的历史GDP数据。我用一条竖线标记了1865年，你可以看到废除奴隶制之前和之后的美国经济情况，可以看到，美国经济并没有衰退。按1990年国际元计算，美国国内生产总值从1860年的690亿美元稳步增长到1870年的980亿美元，再到1880年的1600亿美元。[16]

巴普蒂斯特、贝克特或其他资本主义新历史学家可能会回应说，这一切都是因为奴隶制本身并不是问题所在。更确切地说，是对廉价黑人劳动力的持续剥削，虽然奴隶制已被废除，但是这种剥削甚至在战后仍在继续。但是在1861-1865年内战期间，几乎一半的美国棉花被摧毁了，而且几乎没有被利用就浪费了。如果棉花对美国经济十分重要，这至少应该导致短期的经济衰退。

还有一个问题：在内战期间，北方联邦对南部联盟实施了禁运和封锁，切断了他们出口棉花的通道以及其他人进口棉花的通道。这并没有导致任何地区出现大规模甚至小规模的经济衰退。相反，世界其他国家所做的，正如我们所愿——他们从埃及和印度购买棉花，经济正常运转。

我们要清楚：确实有些人从奴隶制中获利，他们确实为了获取利益而剥削奴隶，奴隶制确实是一种可怕的罪恶制度，棉花确实是美国经济的重要组成部分。但贝克特、约翰逊和巴普蒂斯特没有提供证据证明奴隶生产的棉花或奴隶制能够解释美国或世界资本主义的成功,也没有证据能够说明为什么美国的生活水平和资本积累在20世纪80年代迅速提高。相反,巴普蒂斯特自己的数据表明,棉花生产根本无利可图,而且每年亏损率超过50%。他们没有说明为什么奴隶制得以使曾经和现在的美国繁荣。巴普蒂斯特对此给出了最缜密的数学论证,但他的论证却基于就连我的本科生都不会犯的基本的计算错误。

我能想到的对巴普蒂斯特最善意的解释是:他认为美国内战前的经济就像一台巨大的机器,而棉花是其中至关重要的一部分。他想象假设失去棉花,机器也就将失去作用。现在,他的论断没有一丝被验证的迹象。使用棉花的人其实可以从印度或其他地方购买棉花,或者可以用其他替代品。甚至,他们可以利用工厂生产其他产品。事实上,在1860年,在某种程度上只有6%~7%的制造业生产是以棉花为基础的。

但是,即使我们好心地向他提出这个机器的类比,他也不会正确反思这个问题。举个例子,假设我把你10万美元奔驰车的轮胎的气放了,车就没办法开了。但是,如果认为轮胎里的空气值10万美元,那就大错特错了。这些空气大概值1.5美元——去汽修店充气的花费。虽然奔驰轮胎需要气才能跑,但你不会把奔驰轮胎的总价值归功于空气。即使我们为了辩论而与巴普蒂斯特的错误论断妥协，美国有一半的经济机器没有棉花就运转不起来，但也不可能把美国经济价值的一半归功于棉花。

资本主义新历史学家试图谴责美国和世界的繁荣，他们认为这种繁荣都是因为奴隶劳动（但没有成功）。但正如历史学家菲利普·马格尼斯（Phillip Magness）所指出的，这种历史上的污点也对资本主义新历史学家本身不利。事实证明，他们的论点并不新鲜。其实，19世纪50年代，南方（以及未来）的奴隶制辩护者就提出了同样的论点。他们称，棉花是美国和世界繁荣的原因，世界各地的工业制造都依赖美国黑奴生产的棉花。正因如此，他们认为废除奴隶制不是好主意。资本主义新历史学家希望因为奴隶制而谴责资本主义，但是这样做，他们却鹦鹉学舌般地采用了南方联盟外交官曾用来捍卫奴隶制的观点。[17]

过去的罪恶无法成就现在的繁荣

我们倾向于对有钱人或者赚钱的公司心存怀疑。我们倾向于认为，如果有人赚了钱，那他必是以损害其他人的利益为代价。我们认为世界是零和博弈场。我已在上一章中提出，在市场经济中，这是常见的错误。我们倾向于通过服务他人致富，而不是从他人身上获取财富来致富。

然而，在更宏观的层面上，许多人担心普遍富裕的国家和普遍贫穷的国家之间的差异是由于历史的不公正。资源论认为，富裕国家运气好，恰好拥有良好的自然资源，而贫穷国家运气不好，恰好拥有极少的自然资源。帝国主义理论认为，富国之所以富裕，是因为在欧洲殖民主义时期，它们掠夺了穷国。奴隶制理论认为，美国，或许包括美国历史上的几个大贸易伙伴，因为实行奴隶制而致富。所有这三种理论都试图声称，现今和曾经的经济繁荣在道德上具有"任意性"（基于资源理论）或道德败坏（基于帝国主义和奴隶制理论），但这三种理论都经不起推敲。

经济学界的共识与此完全不同，经济学家认为富裕国家之所以变得富裕，是因为它们拥有包容性的制度，这些制度促进和鼓励了人力资本与实物资本方面的贸易及投资。贫穷国家之所以贫穷，是因为它们的制度运转不畅，阻碍了贸易和此类投资。这并不是说富裕国家的人民比贫穷国家的人民好。一个国家最终的制度是好是坏，往往是历史偶然造就的；通常情况下，领导人往往与坏制度的实施和延续利害攸关。

请注意，我并不是要在这里说明富国是否应该向穷国赔款。这是一个更为复杂的问题，复杂到可以再写一本书了。我仅仅是想说，尽管富裕国家过去确实做了很多不义之举,但这并不是它们今天如此富裕的真正原因。

总而言之,正如你不必为赚钱或获利而感到难过一样,你也不必为你的国家变得富有而难过。赚钱并不一定意味着不公正,国家富裕不需要也不依赖不公正的行为。诚然,奴隶制和帝国主义罪孽深重,我在这里不代表任何立场,如果有的话,也是我们应该为历史罪恶做出清算。然而,认为英国的繁荣得益于帝国主义,或者说美国的繁荣得益于其奴隶制度,这是不对的。

第六章
要把钱捐出去吗

我用了长达五章的篇幅，详细阐述了我认为爱钱并想要更多钱的想法无可厚非。金钱的确给我们带来了很大的自由。它帮助我们过上更健康、更有益、更真实的生活，给予我们更多接触世界各地文化和知识的机会。金钱本身并不肮脏，也不会腐蚀我们，所以我认为只要诚实交易，想要获得金钱无可厚非。在一个标准的市场环境中，盈利表明你在服务于人，有助于人，而不是在伤害或剥削别人。最后，我认为，发达国家今天所享有的财富，通常不是通过不义之财或自然资源分配不公取得的。

第六章　要把钱捐出去吗

那就只剩下最后一个大的创意题：一旦有了钱，你需要把钱全部捐出去吗？我们人人都欠社会一笔还都还不完的巨额债务吗？或者换句话说，那么多人都受穷，富人有错吗？

我将在本章说明，我认为这三个问题的答案都是否定的。当别人需要的时候，我们应该提供帮助，但在某种程度上，你已经尽了自己的一份力，你有权利享受生活。

对社会负债

有些人认为我们永远背负着"欠社会的债务"而生活，毕竟，人生是"污秽、贫困、野蛮和短暂的"（托马斯·霍布斯语）。人之所以能活得这么充实，只是因为人能在良好的制度和规范下，从与他人的互动和交易中受益。人带着欲望和需要出生，来到一个不怎么需要你的世界。除了你的父母或监护人帮助你外，还有其他人纳税资助你读书。无论你是科学家还是商人，你都站在巨人的肩膀上，从过去的知识中获益。你之所以富有，部分原因在于你的家庭过去的资本积累。

我们很容易顺着这个观点思考，然后得出结论：你赚了多少钱代表你从社会获得了多少利益，从而很容易得出下面的结论：你需要"偿还"社会。

的确，我们无法报答祖先为我们建造和留下的任何美好的东西。我们确实心存感激，但无以回报。另外，顺利的话我们也会为我们的后代做出贡献。我将在下一章中更详细地介绍，可以预计的是，100年后我们的后代会比我们富有得多。祖先为我们做的一切我们可能无法报答，但我们至少可以把它传递给下一代。

"欠社会的债"这一论点的另一个问题是，如果你在一个竞争相当激烈的行业正常工作——当你拿到薪水的时候，你不仅仅是向社会索取，还应当有贡献。回头再读一遍第三章，关于利润从何而来以及贸易如何运作。在竞争激烈的市场中，如果你的收入是10万美元，那么你也为其他人创造了超过10万美元的价值。你付出的时间和你应得的报酬一致。

关于这一点，哲学家大卫·施米茨补充道：

> 如果简参与了贸易互利的网络，那么她或多或少在尽自己的力量维系该网络。诚然，如果简在我们这样的社会中得到的报酬是平均水平，那么她得到的报酬就非常多（甚至比托马斯·爱迪生一个世纪前预计的还要高）。事实上，每人付出一点点，团队就大一点，这让简感激自己成为团队的一分子。当然，如果每个人都付出一点点，那么简也不例外。

正如亚当·斯密在《国富论》开篇几章中所言，贸易和参与贸易网络的收益取决于市场的规模、专业化程度和经济技术水平。在我们这样的经济环境中，一个人可以付出较少的努力，却得到很高的回报。（你的工资比中世纪的农民高得多，但你的工作并没有更辛苦。）但这并不意味着这个人没有做好他该做的事。我们所有人以正确的方式一起工作，意味着只做一小部分工作就能得到很高的报酬。

我每年工作的时间可能比1870年的普通美国人少了1000个小时（而且我的工作远比他们更轻松），但是扣除通货膨胀因素后，我每周所赚的钱比他们全年赚的都多。有些人可能容易得出这样的结论：我对社会的贡献肯定比他们少，但这并不符合事实。努力是对投入成本的衡量，而不是产出价值的衡量。现代生活的神奇在于，我的低投入比他们在1870年的高投入产生了更多的产出。我付出的努力更少，但贡献却更多，你也一样。你比1850年的普通人创造的价值更多，尽管你工作没有他们努力。

接下来，我们来更深入地了解一下关于工资的经济学原理。在竞争激烈的市场中，以盈利为目的的企业雇用工人是为了增加自己的利润，而公司想要最大化他们的利润。只要这样做有利可图，他们就会继续雇用额外的工人，也就是说，每雇用一个额外的工人给公司带来的收入远远高于所付出的成本。在竞争激烈的市场中，企业和工人都没有很大的议价能力；双方都不能逼着对方达成不平等的交易。企业提供的工资不能远远低于工人的边际产品，因为其他企业可以出更好的价钱，挖走这些工人，他们也能因此增加利润。工人不能要求远高于其边际产品的工资，因为其他工人可以通过压低报价来获利。相反，在竞争激烈的市场中，工资的均衡价格将趋向于等于工人的边际产量。如果边际工人每小时生产价值15美元的产品，她将每小时赚15美元。如果她生产得更多，她就会赚得更多；如果她生产得更少，她赚得就更少。

到目前为止，这只是对劳动力市场的ECON101分析。劳动经济学中更高级的问题主要关注的是为什么真实市场在不同方面都背离了这个基本模型。例如，一些经济学家认为，工人的工资略低于他们的边际产品，因为ECON101模型假设的是完美信息❶，并没有考虑到雇主的找人成本。

这些内容对于我们的设定目的很重要。我们在第四章中讲过，当用商品或服务交换金钱时，你对所换取的东西给予回报，人们从你给予的东西中获利，而你从换取的东西中获利。同样的原则也适用于工作。你的收入也许能够部分地衡量你和其他人的生活与工作所得，但也可以部分衡量你对他人和合作体系的贡献价值。赚更多的收入不会带来更多的债务；你获利的同时也让别人获利。现购现付；当场付清。

施米茨说："对于任何一个相当不错的汽车修理工来说，

---

❶ 完美信息指轮到行动的局中人知道先前的行动的其他局中人采取了什么策略。——译者注

他修车比他纳税对社会的贡献都要大。"他的意思是说，我们仅仅参与社会生活和工作就已经是在服务社会了。能做出额外的贡献是很好的，但我们不需要假想自己欠下了一笔不可估量的债务，只能做额外的事情来还债。

我们也不只是为我们的直接客户提供服务。因为我们促成并维系了大规模的劳动分工，同时我们也在创造和维持财富、机会与自由产生的条件。我们建立并维护的广泛的合作体系带来的所有好处，我在第一章中已描述过了。

自己奢靡生活而不顾他人死活

我的一位亲戚经常花很多钱去度假，在度假期间就声称，我应该去过简单朴素的生活，大家也一样。我的许多朋友都喜欢用他们800美元的智能手机在脸书上发表同样的观点。

这些人可能只是想哗众取宠，但他们传递的信息可能仍然是正确的。即使想要赚钱无可厚非，想要发财无可厚非，但其实别人比你更需要钱。

也许不应该自己过奢靡生活而不顾他人死活。当世界上有这么多人生活在极度贫困或绝望中时，你却消费这么多奢侈品，或许是不对的。当别人吃不下，而你却吃那么多时，也是不对的。

喜剧演员路易斯·C.K（Louis C. K.）曾在表演中说过：

> 我的生活真的充满罪恶。世界上还有人在挨饿，我却开着英菲尼迪。我简直是罪恶至极……有些人饥肠辘辘地出生，饥肠辘辘地死去，这就是他们要经历的一切。与此同时，我在我的车里玩得很开心，每天安然入睡……我可以用我的英菲尼迪换一辆还不错的车，比如，一辆不错的福特福克斯……我可以节省下2万美元，用这些钱拯救数百名因饥饿而死的人。但我从未这么做。[1]

也许你不开英菲尼迪，但这说法同样适用你，即使你是一个"穷大学生"。本书的任何一个读者都有可能跻身当今世界上前20%的富人之列，甚至还要靠前。他的生活水平远超出了不仅是历史上的，更是当今世界上的大多数人。你完全能够自己俭省一些，用多余的钱去帮助别人。不是吗？

你似乎可以做一些小的改变，省下钱来帮助别人。假设你每个工作日都买一杯星巴克咖啡，如果每年工作260天，平均每杯咖啡支付4美元的话，那么你每年在咖啡上的花费高达1040美元。如果你在休息室喝公司提供的免费滴滤咖啡，就可以让世界上最贫穷地区的大约30个人

免于失明。²

为什么不把钱捐献出来呢?你可以取消网飞的订阅,停止在外面吃饭,少喝点酒,去当地度个便宜点的假;你可以用便宜的谷歌旗下笔记本电脑(Chromebook)来代替苹果笔记本(MacBook);你可以买一辆廉价的汽车或骑自行车上班;你可以少买些衣服;你可以在社区大学上两年学;你可以住在家里而不是宿舍或公寓。你可以用你省下的钱拯救好几条生命。

道德常识告诉你,你应该拿出一些钱来帮助别人。你的可支配收入越多,你就越应该付出。然而,你不必让自己变穷来帮助那些比你还穷的人。在某些时候,你已经做得够多了,你有权享受生活。

但是,一些哲学家和宗教领袖认为这种观点对人的要求太宽松了。他们认为在别人被剥削得厉害时,自己却在消费奢侈品,这是错误的。他们认为我们应该把多余的钱都捐出去。

究竟孰是孰非?我们该如何判断呢?

彼得·辛格的基本观点

1972年,哲学家彼得·辛格(Peter Singer)发表了一篇著名的论文,名为《饥饿、富裕与道德》(*Famine, rich, and moral*)。他在论文中写到,我们对慈善或行善的责任远比常识道德所定义的责任更为重大。辛格认为,我们应该把几乎所有的额外收入和财富都捐给各种慈善机构。

以下是辛格论证的大致过程。

1. "因缺乏食物、住所和医疗而遭受痛苦和死亡是坏事。"

2. 辛格原则(强势版本):

"如果我们有能力阻止某些不好的事情发生,而不必因此牺牲具有同等道德重要性的东西,那么从道德上来说,我们就应当如此行动。"

3. 经验前提:我们有能力阻止因食物匮乏、流离失所、缺医少药而导致的苦难和死亡:我们可以向有能力的慈善机构捐赠大量的钱。

4. 结论:因此,我们应该捐赠大量的钱给慈善机构,或我们的政府。

前提1和前提2是规范性声明,它们说明什么是好,什么是坏,以及我们应该做什么。前提3是一个经验主义的主张,认为我们有能力捐钱给慈善机构,阻止那些苦难和死亡。

现在,我们假设辛格是对的,这是一个合理的论点。为了讨论能顺利进行下去,我们也假设你可以很容易找到一个有能力的慈善机构。现在的问题是:我们能捐出多少?

如前所述，辛格原则说的是，如果我们能在"不必因此牺牲具有同等道德重要性的东西"的情况下阻止坏事的发生，我们就应该这样做。

这就得出了一个结论，我们大多数生活在富裕的"第一世界"国家的人应该把我们几乎所有的收入和财富都捐出去。拯救别人的生命比你买更多的T恤或游戏机更有意义。治疗失明的人比去度假更为重要——即使只留很少的钱去度假。防止发生饥荒比你的孩子得到任何圣诞或生日礼物更重要。

所以，如果这个论点是正确的，那就意味着：不买珠宝，不在任何爱好上花钱，不度假，不出去吃饭（除非出去吃比在家吃饭更便宜），不买高级食品，不买哲学书籍，不买任何严格来说你并不需要的东西。毕竟，你消费的几乎所有东西都是你不需要的，你本可以拿这些钱来治疗失明或因饥饿引发的疾病。

辛格还提供了一个稍微温和的版本，也用这个要求较低的版本取代了强势版本的辛格原则。

辛格原则（温和版本）："如果我们有能力阻止某些不好的事情发生，只要不必牺牲某些德行重要的东西，那么，就去做吧。"

这个原则要求没那么严苛，允许你消费一些严格来说并不需要额外的东西。这是有道德上的重要性的，比如，我买给我孩子的生日礼物。所以，我可以给他们买一些小礼物，作为一种表达感情和维持家庭纽带的方式，尽管严格来说，这些礼物没有拯救生命那么重要。你可以买一辆二手的经济型车，但不能买豪华车；你可以在度假上少花点钱；等等。

但即使是这种较温和的、要求较低的版本，也会让我们大多数人的生活方式发生重大变化。强势版本可能需要捐出税后收入的60%～70%，而温和版本则需要35%。

我第一次讲辛格的文章时，是在布朗大学（Brown University）做博士预科研究员，这是一所位于罗德岛的常春藤盟校。我记得有个学生赞同地喊道："是啊，淹死富人！"我回答说："你是富人，他说的就是你。"布朗大学校报此前刚刚公布的统计数据显示，本科一年级新生的家庭收入中位数接近30万美元。所以，即使按照美国的标准，这些学生中的大多数来自富裕的家庭。

但根据辛格的观点，美国几乎每个人都是富人。个人收入全球排行网（Globalrichlist.com）通过联合国的数据来推算世界各地的人们收入分配的排名。假设你一年仅赚了15000美元，即使考虑到美国高昂的生活成本，你仍然是世界上排名最富有的8%的人之一。你确定你不能拿出一点钱来帮助别人吗?至于我,个人收入全球排行网显示,加纳的普通人要工作2500年才能赚到我1年赚的钱。

这就是辛格论证的基本结构和基本结论。但到目前为止,你的想法可能还没有改变。接下来看看辛格能不能改变你的想法。

"溺水孩子"思想实验

辛格论证过程中的前提2对你来说可能已经很直观很可信了,但它带来的结论提出了更高的要求——大多数人不乐意支持。到目前为止,所有的论证都让我们陷入了一个两难的境地:要么拒绝前提2,要么接受结论4。

辛格有一个强大的思想实验,似乎给人们提供了接受辛格原则温和版本的有力根据:

假如我正路过一个浅水池,看见一个小孩溺水,我应当跳进水中将这个孩子救起。这意味着我会弄脏衣服,但比起孩子溺水的后果,这并不重要。

我们修改一下这个思想实验,让它变得更直观地让你知道,为了救溺水的孩子需要付出什么代价:

一个溺水的孩子

你正在公园散步,突然看到一个孩子在游泳池里挣扎,就要淹死了。你可以轻而易举地伸手去救那个孩子,但是这样做会让你丢掉3337.06美元。钱会被风吹走,并永远消失。你有义务救那个孩子吗?

我知道设置3337.06美元这个具体的数字对于这个思想实验来说有点奇怪。因为在我写这篇文章时,商业内幕网(Business Insider)告诉我这个数字是确保真的能拯救一条性命在慈善机构所花的最低价。[3]

几乎每个人都会回答,是,你有义务救那个孩子。他们不会简单地认为你救这个孩子是出自善心。相反,他们说你必须救这个孩子,不这样做是错误的。他们可能会认为,如果你迫切需要3337.06美元来救自己或你爱的人,那么你不去救溺水的孩子的话,可能可以被原谅。但此外,如果你打算用这3337.06美元来买严格意义上你并不需要的东西,那你必须救这个孩子。

你可能会反对说:"为什么责任在我?难道孩子的父母或监护人不应该负责救人吗?"辛格回答说,他们当然应该。但假设你看到一个孩子溺水,而父母或其他人袖手旁观,你不能把这当成你不去救孩子的借口。你要认为你应该会救,即使其他人也应该先救。辛格接着问道:"既然你认为你应该去救那个假想中溺水的孩子,即使这要花费你3337.06美元,那么为什么现在不就花3337.06美元去救一个真正的孩子呢?"我们再思考一下另外一种"一个溺水的孩子"的情况。

一个饥饿的孩子

在世界的另一头,有个孩子正在挨饿。你很容易就能让他吃饱肚子,前提是你有3337.06美元,不能拿去度假,而是捐给慈善机构。

这种情况和上一种带来明显不同的心理影响,这就足以解释造成的不同行为。当我们眼睛看到一个孩子溺水时,会激发同情心,于是,不顾一切去救他。相比之下,仅仅是得到孩子受苦的信息是不会激发同情心的,统计出来的数据不会令我们心痛。我们对亲眼看到的和从别处了解到的,反应是不同的。这是因为,正如我在第四章中所说的,人类的道德心理学进化是为了小群体内面对面的互动,而不是为了与世界各地的陌生人合作或互相影响。

但是,辛格说,虽然这两种情况之间可能存在心理上的差异,但没有道德上的差异。如果我们有责任拯救我们看到的溺水孩子,我们也应该有责任拯救任何看不见的垂死中的孩子。

你可能会担心,给慈善机构3337.06美元也无济于事。当你把一个孩子从泳池里拉出来,你就知道他被你救了。当你给慈善机构写一张支票时，也许你只是给某个管理员买了一台笔记本电脑。许多慈善捐赠是无用的，有些甚至比无用更糟糕。辛格说，这种担心是合理的。但你可以通过研究来确定哪些慈善机构在帮助别人，哪些没有。你可以读读哲学家威廉·麦卡斯基尔（William MacAskill）的杰作《好上加好》(*Doing Good Better*)，该书就如何评估慈善机构的有效性甚至有害性提供了极好的建议。每年，吉威尔（GiveWell）都会发布一份"每一美元收益最多的慈善机构"的名单。如今人们很容易找到有口碑的慈善机构。也许你是一名大学生，付不起3337.06美元的捐款。但你能负担得起为几十个孩子除疟疾，这将大大改善他们的身心健康状况，延长他们的寿命，你或许能治好几个盲人。不管你是谁，你都可以通过慈善事业为人们做更多的事情。

在"一个溺水的孩子"或"一个饥饿的孩子"实验中，救人一命之后，你自己的生活依然继续。你损失了3337.06美元，但并没有变得一贫如洗。

然而，辛格原则并没有说你只要救起一个孩子，就可以袖手旁观了。记住，原则即使再温和，要求也是比较高的。辛格原则认为，你必须不断拯救越来越多的孩子，直到拯救他们会牺牲具有一部分道德性重要的东西（辛格原则的温和版本）或相当具有道德价值的东西（强势版本）。

所以，辛格设想的不是你遇到一个溺水的孩子，然后救了他就万事大吉。他似乎在设想你遇到一个又一个这样的孩子。一旦你救了一个，你就会遇到——或者至少知道——还有另外的孩子等待着你救援。

辛格的论点存在一个问题。我们中大多数人都认为必须至少救一个孩子，但不确定是否仅凭直觉判断去救一个孩子，就意味着必须救所有溺水的孩子。

这并不表明含蓄地遵守了辛格原则。在这些情况下，辛格原则并不能很明显地解释人的本能。

为了说明这一点，我们还是举个例子，比如，拯救一个池塘溺水的孩子例子：

许多溺水的孩子

你在公园散步时，突然看到一个巨大的池塘，里面全是溺水的孩子，并且数量每时每刻都在增加，你可以选择尝试拯救一些孩子。每救一个孩子，你就要失去3337.06美元。你救下的孩子大部分都能保住性命，可是有些可能会掉回池塘。然而，不管你救了多少，总会有更多的孩子掉进去又快要被淹死。你几乎要毕生来救孩子。

与辛格所依赖的前两个思想实验相比，这个实验与现实世界更加相似。所以，直觉会更多地告诉你，你必须做些什么来拯救溺水儿童。

拯救许多溺水的孩子其实就是重复救一个溺水孩子的动作。辛格认为，因为你觉得拯救"一个溺水的孩子"是道德义务，如果一遍遍地重复该思维实验，你还是会一直做出相同的判断，一直重复动作。但事实上，你可能不这样做，你也许认为必须救起第一个孩子，但是从某种意义上说，即使孩子没有被救起来，你的生活仍旧继续。

请问，出现"许多溺水的孩子"的话，你的义务要救多少个？如果你认为：我必须继续救更多的孩子——一个孩子花费3337.06美元之外，我还要牺牲高度的道义，那你确实是执行了辛格原则。按照自己的道德判断执行的话，你应该捐出收入的大部分。

或者你也可能会相信，人之常情和传统道德认为你应该多救一些孩子，但在某种程度上，即使你知道会救不过来他们，你的生活仍然继续。类似地，你会下意识地判断你应该向慈善机构捐赠——也许超过你实际能承担的范围——但在某种程度上，即使你可以付出更多，你也仁至义尽了。你应该帮助别人，但你没有义务为了满足别人的基本生活而使自己不如意，你完全可以自己享受生活而不顾他人死活。

辛格说距离遥远并不是问题。如果遇到一个孩子溺水，你赞同自己最好伸出援手，除非有一个逃避责任的正当理由。所以，他问到，如果你知道一个孩子在远处某个地方溺水，你还能区别对待吗？你知道，稍加用心就能认出那些溺水的孩子。你知道，只要再多做一点努力，你就可以找到防止他们溺水或死于其他情况的方法——在这里其实就是只需要几千美元。

但是，与辛格观点不同的是，你能否遇到这个问题很重要。考虑以下两种你可能采取的道德"政策"：

拯救一个，救我遇到的第一个溺水的孩子。

或者拯救所有人：在我有生之年，我会尽可能地拯救世界上所有垂死的孩子。

辛格可能的反应

从表面上看，"拯救一个"和"拯救所有人"是截然不同的。辛格想告诉我们的是，如果我们致力于拯救一个，那么就不如致力于拯救所有人。但到目前为止，他还没有表态为什么这么说。这表明，"一个溺水的孩子"的思想实验并没有达到辛格所预期的效果，即让我们赞同他的原则。

我不确定辛格会对这种批评做出反应。相反，他可能会说我误解了他的论点，他其实说得不完全对。要清楚的是，在《饥饿、富裕与道德》中，他从来没有说过你应该支持辛格原则，因为：它最好地解释了在对待一个溺水孩子时你的本能。他没有说，"如果你同意我的观点，你必须救那个'溺水儿童'，那么你就遵守了辛格原则"。

相反，他说："溺水孩子"只是辛格原则的一个例子或例证。他用它来解释原理，而不是展示原理是否正确。

这就是辛格的自我理解以及他如何明确地构建自己的论点，这足够公正。

然而，我个人不认为这对辛格有多大帮助。尽管辛格并不认为他的论点是基于对"溺水孩子"思维实验的概括或总结，但该实验还是为他提供了大量信息。人们认为辛格的原则很有说服力，因为他们认为自己不能始终如一地坚持做到：A.必须救那个溺水的孩子；B.可以不捐出大部分收入。辛格本人也认识到"溺水孩子"思想实验的力量。他在他的畅销书《你可以拯救的生命》的开头引用了这句话，然后试图以此让读者支持辛格原则。所以，人们确实认为辛格可能有说服力。读者们都认为他们有义务去救一个溺水的孩子。

辛格接着试图证明给读者，距离并不重要，即使不是亲眼所见，他们也必须接受至少救一个垂死的孩子。到目前为止，一切还算顺利。但接着他又试图论证，尽管前后矛盾，但既然他们承认必须拯救一个生命，那么就会致力于拯救许多生命直到牺牲。然而，这最后一步不太管用。

当你购买奢侈品或投资时会做什么

有些人很富有,生活在富裕的国家。他们是辛格认为有义务帮助别人的人。还有一些人很穷,还有一些国家几乎每个人都很穷。辛格认为我们有责任帮助这些人。但是,我们应该停下来想一想,为什么有些人很富有?毕竟,在1800年,世界上95%的人都处于赤贫状态,生活在我们现在所认为的极度贫困之中。在1900年,这一比例约为75%。现在,可能有9%的人生活在极端贫困之中。1950年,日本、韩国、新加坡和中国的香港、台湾非常贫穷。辛格会说,我们有责任把我们的额外收入捐给他们的公民。到2020年,日本、韩国、新加坡都非常富有——事实上,新加坡的普通人现在比美国人更富有。今天的日本、韩国歌手,有义务把额外的收入捐出去。但我们应该问,这些贫穷国家的人们是如何从辛格认为的受赠者,变成施予者的?是因为日本和韩国并非听了辛格的话,而是漠视其建议中变富的。在过去的60年里,人们从这些已经变富的国家购买玩具、晶体管收音机、立体声音响、视频游戏机、录像机、DVD播放机、蓝光播放机、智能手机、汽车、电子产品,以及各种各样他们不需要的、道德上无足轻重的商品。他们的经济持续制造娱乐商品,反而使本国人民从贫困中解放出来，加入了富人的行列。

历史上有一些国家由于富裕国家的援助而避免了混乱或崩溃，但没有因此而实现持续的、消除贫困的经济增长。相反，所有的富裕国家都是通过参与世界市场经济，以获得利润的交易而致富的。从历史上看，解决极端贫困的不是向贫困的人扔钱，而是把钱投到辛格想要消除并认为是不道德的商业形式中。

投资和慈善机构

同样的道理也适用于投资而不是消费。当你把现金存进银行账户或买股票时，你不会简单地坐着吃利润。这些钱被用来资助大学贷款、商业贷款、资本开发、基础设施建设、个人贷款以及其他一系列促进增长的活动。当然，并非所有的投资都能成功。但在慈善和投资之间有一个真正的权衡。把3337.06美元捐给正确的慈善机构，你今天就可以拯救一条生命，做大量的好事。通过投资同样的3337.06美元，你可以在100年后创造将近45万美元的价值——假设你不需要额外的投资，年化回报率只有5%。3337.06美元，可以让你在今天拯救一条生命，或者更好的是，让未来的生活不再遭受苦难。

我说这些并不是建议你，永远不要帮助别人而只投资。

我说这些是为了承认这里存在一个真正的道德权衡。这个世界不公平，因为它使我们要么现在让别人吃饱饭，要么未来让自己过来的，二选一。

不要关停世界经济

我们面临一个两难的境地：是现在拿钱救人，还是不管别人而去投资和贸易？不管怎样，我们都会失去一些有价值的东西。那应该怎么做呢？我认为，答案既不是让人挨饿而去投资，也不是停止世界经济，花费一切来满足他人需求。

举例来说，假设我们生活在自给自足的农业经济中。作物收成不好，我们就会挨饿。有人开始盯着我们储存玉米种子的筒仓——我们储存这些玉米不是为了吃，而是为了明年种庄稼，有人建议我们吃玉米种。

如果我们今天吃了玉米种，今天就不会挨饿。我们熬过了冬天。但是春天来了，我们便没有东西可以种植。所以，就算我们今年秋天不会饿死，明年也会饿死。因此，这给我们的教训是：你不能吃玉米种。

这就是有关玉米种的可怕逻辑，甚至对发达的工业经济体也是如此。富人济济的富国之所以富有，是因为在过去，他们的公民从事资本积累与可持续的商业和贸易模式。但在某种程度上，我们可以清算大部分资本，用它来养活饥饿的人，治愈生病的人。我们应该这么做吗？

彼得·辛格承认这存在危险。他说，为了满足他人的需求，我们应该放慢经济增长的速度是有限的。我们获得的能力取决于我们给予的能力。结果可能是，如果我们年复一年地，捐出GDP的50%，经济将会崩溃，最终我们捐出的连25%都不到。

辛格所在的普林斯顿大学拥有250亿美元的捐赠基金[4]，普林斯顿大学每年大概用其中的4%～5%作为运营资金，但把剩下的用于投资，获得超过5%的回报。因此，普林斯顿大学支出的大部分是可持续的——他们的增长超过他们的支出。假设普林斯顿大学决定吃掉它的捐赠基金：它决定清算所有的250亿美元，并在今年花掉所有的钱，试图提供最好的教育和研究。拥有250亿美元的运营收入，毫无疑问，普林斯顿大学今年将会有惊人收入。但第二年一到，钱就没了。今年惊人的产量意味着明年或以后的任何一年都没有产量，普林斯顿大学钱财散尽。哲学家彼得·昂格尔（Peter Unger）的立场甚至比彼得·辛格更极端。他让我们这样想：

> 每当富裕的人们知道有人需要帮助时，他们会立刻采取行动。因此，在晚些时候，世界上几乎所有人的基

本需求将一直得到满足……更重要的是,如果这些人后代中有人发现自己正面临着实际上可以避免的痛苦,他会把几乎所有的精力和资源用于减少这种痛苦。

哲学家兼经济学家大卫·施米茨回应称,他怀疑昂格尔的思想实验"实际是连贯性的"。

其逻辑如下:西方世界的产品一旦出现争抢,随之而来的就会是一场世界性的竞争。一个国家领导人要想在该产品的竞争中胜出,就得要有需求人群。但是,如果我们投入几乎所有的精力和资源来满足这种需求,又如何变富呢?在昂格尔看来,最初的发家致富是怎么实现的呢?

施米茨假设我们继续按照昂格尔的信条生活。没有人去看电影或吃饭——当然这些都是我们不必要的奢侈消费。所以当这些地方关门了,他们的雇员不得不去别处找工作。但其他店也找不到工作——大多数零售店都关门了,因为我们不再买不是必需的东西。工厂也因此关门了。很快,我们社区里的大多数人——严格地说,对工作的人们也已不需要了——都失业了。他们不偿还任何贷款,银行倒闭。也许我们曾给也门捐钱赈饥荒,但到了明年,我们也成了难民。

为何我们还没有拯救世界?

哲学家和外行人看到,有些人生活奢靡,而不顾他人死活。他们还看到财产拥有的不平等问题。这个问题似乎很容易解决。只是一个财富和收入合理分配的简单问题罢了。

和大多数经济学家一样,诺贝尔经济学奖得主安格斯·迪顿(Angus Deaton)对解决世界贫困问题是否真那么容易表示怀疑。然而,他说,如果真的只需要一个简单的转账的话,我们几乎不需要做什么就能消除世界贫困,甚至不需要让西方国家变穷来养活其他国家。他说,

> 关于全球贫困的一个令人震惊的事实是,只要我们能神奇地把钱转到世界贫困人口的银行账户中,就可以轻而易举地解决这个问题。2008年,世界上大约有8亿人每天生活费不足1美元。平均而言,这些人每人每天"短缺"约0.28美元,我们每天只需不到2.5亿美元就可以弥补这个缺口,考虑到贫穷国家购买力的差异……如果每个美国成年人每天捐赠0.3美元,世界贫困就可以消除;或者,如果我们能建立一个由<u>英国、法国、德国和日本</u>所有成年人自愿组成的联盟,那么

每个人每天只需捐0.15美元。

这似乎很简单。如果我们真的能够神奇地每天从<u>美国、英国、法国和德国</u>的每个成年人身上转账0.15美元,即每人每年54.75美元,那么极端贫困现象就会消失。也许就是这么简单,结果证明我们简直又自私又愚蠢。但到那时,至少在列出纳税申报单的25%左右的美国人,已经每年向慈善机构捐赠超过1000美元。[5]所以,也许我们只是愚蠢。我们有解决世界贫困问题的意愿,但出于某种原因,我们处理得并不好。

迪顿说,数学是有误导性的。第二次世界大战后,美国和欧洲列强向许多贫困国家提供了数十亿美元的外援,但结果不尽如人意:

> 援助持续增加,而经济增速不断下降。冷战结束后,援助减少,经济增速回升;冷战的结束成为非洲援助被剥夺的一个重要理由——并且非洲的经济复苏了。更准确的原因应当是"冷战结束,非洲赢了",西方援助减少了。

赫里斯托斯·杜古里亚戈斯(Hristos Doucouliagos)和

马丁·帕尔达姆（Martin Paldam）在对现有的外国援助实证文献进行全面回顾后得出结论："经过40年的发展援助，事实证明援助并不是有效的。"总体而言，研究发现，援助更有可能带来伤害，而不是帮助。总的来说，经济学家发现，援助在那些制度已经很好的国家只起到了较小的作用，但在制度不好的国家往往会让事情变得更糟。[6]但这也意味着，人口最贫困的国家也最不可能从援助中受益。

阿西莫格鲁和罗宾逊解释了原因：

> 富裕的西方国家应该提供大量的"发展援助"以解决世界贫困问题的想法……是基于对贫穷原因的错误理解。像阿富汗这样的国家之所以贫穷，是因为它们的剥削性制度——导致了缺乏财产权、法律和秩序，或运转良好的法律体系——以及国家（更多的是地方）精英对政治和经济生活的令人窒息的统治。同样的制度问题意味着外国援助将是无效的，因为援助资金会被掠夺，不太可能流向应该去的地方。在最坏的情况下，它将支持那些社会问题的根源所在的政权。

这些国家由精英统治，他们通过榨取国家和人民的资源来维持生计（并一直掌权）。

当统治者以榨取人民的资源和收入为生时,捐钱给他们只可能增加他们手中的权力。外国援助其实是在帮助不作为的政府在失去民心的情况下不倒台,并往往鼓励了这些国家内部的派系争夺权力,以控制更多援助资金的去向。把援助目标定位到需要帮助的人,这在哲学家听起来很容易,但在现实世界中很难实现。

一个国家若是有良好的制度,就会变得富有,这些制度能促进合作,防止掠夺,并鼓励对人力和物质资本进行长期投资。我们不知道如何引导各国采用这些制度。但我们知道的是,向他们砸上数十亿美元并没有用。

维持现状

通常,人们对于慈善的认识是,捐给慈善机构的钱应该与你手头的余款呈一定比例。你捐多少并没有明确的规定。尽管如此,在某些时候你已经做得够多了,如果出于自愿的话,你所有的捐赠都令人赞赏。辛格试图说服我们接受一种更苛刻的观点,但没有成功。该观点并不能完全证明常识,但它意味着我们没有明显的理由背离它。此外,与一些道德家设想所不同的是,对于减少贫困方面,购买那些"我们不必要的东西"要比直接捐赠东西好。但这并不意味着我们应该完全避免慈善活动,某些有针对性的慈善形式可以带来明显的好处。

尽管如此,我们仍然面临一个长期的困境:将我们额外的收入用于长期投资,比今天的慈善机构更能对抗贫穷。购买"我们不必要的东西"也有更长远的对抗贫穷的能力,但现在还有人需要我们的帮助。无论我们选择投资、消费还是捐赠,总会有损失。不要把这些解读为对现状的辩护。相反,我认为你应该付出更多,即使达不到辛格建议的那么多。我还认为,帮助穷人需要一些根本性的改变——特别是,从布隆迪搬到美国就像从马里兰州搬到弗吉尼亚州一样容易。移民的经济效益表明,这将使全球穷人受益,也使我们受益,远远超过任何国际援助或慈善机构的期望。但这是另一本书的内容了。

第七章

贪婪、嫉妒和怀疑

对我们目前为止涵盖的所有内容做一个总结，那就是：贪财无可厚非，赚钱无可厚非，国家富强无可厚非，保留大部分财产不裸捐也无可厚非。

在本章，我将解决剩余的两个关于金钱与财富的疑虑和担忧。

1. 炫富或者对奢侈品充满奢望是否仍然显得极其不体面？

2. 有没有一个消费的临界点说明人们已经享用得足够多？还能不能有更好的发展空间？在某些时候，应不应该停止经济发展而专注于更高层面的社会使命？

我们在上一章中看到，彼得·辛格几乎将拥有的所有物品都视为奢侈品。因为严格意义上，实际上你并不需要。不过，在本章中，我的关注重点还是在于传统概念上的奢侈品。劳力士手表是奢侈品，天美时手表不是；宝马7系是豪车,雪佛兰科鲁兹不是,巴尔曼高端牛仔裤是奢侈品,牧马人牛仔裤不是;爱马仕豪华腰带是奢侈品,马里诺大道牌腰带不是;芬达美专高级吉他是奢侈品,子弹头电吉他不是。

从这个意义上说,奢侈品的问题在于排他性。它们吸引人的不仅在于高质量(事实上,有些奢侈品质量并不好),而且它们的价格超出了许多人的承受能力。这些奢侈品是身份地位的象征——通过压低一些人来提升另外一些人。

地位通常是一个零和博弈。就绝对意义而言,世界上的每个人都可以变得更富有、更聪明、更健康或更美丽。但地位通常与等级有关——我们如何相互比较:如果我买了你买不起的奢侈品,我可能在试图证明我的地位比你高。

这似乎相当令人厌恶,但是我们都做过类似的事情。我怀疑很多人对财富的厌恶来自嫉妒和怨恨。(事实上,哲学家们认为平等主义哲学只是为了夸大嫉妒。)某些嫉妒和怨恨是恶习。但是,当富人炫耀自己的排他性并消费奢侈品时,大家有点怨恨和厌恶也许是正常的。

关于第二个担忧,早在1930年,经济学家约翰·梅纳德·凯恩斯就写了一篇出色的文章,题为《我们孙辈时代经济的可能性》(*Economic Possibilities for our Grandchildren*)。他假设2030年英国人的财富比1930年增加8倍,而且世界各地总体上会更富有,他的假设是正确的。他还认为,如果不到2030

年就达到了这样的水平,这将意味着经济问题基本得到了解决。也许人们不再担心财富和收入,而是关注生活的艺术。他认为我们最终可能会转变价值观:更少关注工作,不再节衣缩食,而更多地关心艺术和更崇高的价值。

他认为在1930年,贪财无可厚非,但也许在2130年因为变得更富有而厌恶金钱也讲得过去:

> 我们期待其他领域也发生变化。当社会财富积累的重要性降低时,道德规范就会发生巨大变化。我们将摆脱困扰我们200年的许多伪道德原则,通过这些原则,我们将一些最令人厌恶的人类品质提升到最高美德的位置。我们将敢于评估金钱动机的真正价值。

区别于把爱财作为一种享受现实生活的手段,爱财并疯狂占有——会被认为是一种令人厌恶的病态,是一种半犯罪的、半病态的倾向,人们会不寒而栗地把这交给精神疾病专家处理。我们现在不惜一切代价维护影响财富分配和经济奖惩的各种社会习俗和经济惯例,无论它们本身多么令人反感和不公正,因为它们在促进资本的积累。但我们最终将无所顾忌地丢弃它们。[1]

凯恩斯说得对吗?不再关注赚更多的钱是否有意义?

我们是否应该像许多19世纪的古典经济学家所认为的那样，在经济趋于某个稳定阶段时，只简单地维持当前收入水平，而不再致力于经济的持续增长？

我们为何会购买奢侈品？

我们先来回顾一下2014年的汽车销售趋势。

当时，丰田卡罗拉LE版（美国最受欢迎的轿车之一）售价约为2万美元。《汽车趋势》(*Motor Trend*)估计该款车凭借1.8升的四缸发动机和变速器，在9秒内提速至96.5606/小时。[2] 车本身的内饰材料造价不低，但充斥廉价的布料和硬塑料。这款车的装载能力和一辆超市购物车差不多。

一辆装备得当的宝马328i——一款供上班族使用的普通入门级豪华运动型轿车——售价约为4.9万美元。它有着涡轮增压四缸发动机，能在大约5.5秒内将驾驶速度从0加速到96.5606/小时。内饰采用皮革和软质材料。这辆车转弯性能极佳。

现代捷尼赛思❶进军运动型轿车市场，其性能和豪华程度与328i不相上下，但价格却比328i低。一辆高配的捷尼赛思售价约为44000美元。

---

❶ 捷尼赛思是"现代"旗下的高端品牌，于2015年面世。——译者注

尽管价格高,宝马328i的销量仍远超捷尼赛思。[3]一个重要的原因是,宝马标志所象征的地位远高于现代。现代本身也承认这一点。旧款的捷尼赛思的现代标志很小,也很隐蔽。2018年,在我写这本书的初稿时,现代已经将捷尼赛思作为一个独立的品牌重新推出,走独立的经销商,就像奥迪从大众汽车、雷克萨斯从丰田独立出来一样。

由此我们可以得出结论:一个人买了一辆宝马以后,他不仅仅是买了一辆车,也是购买了地位和形象。

想象一下:一个人可以从两辆车中选择其一。第一辆是普通的宝马328i;第二辆是改装后的宝马328i,去除了宝马徽章、肾形格栅和其他标志物,一般人都会愿意为第一辆车花费更多钱。

手表也一样。摩凡陀胜过西铁城,豪利时胜过摩凡陀,百达翡丽胜过豪利时。不过,在某种程度上,这些手表并不是真的更漂亮、更具吸引力或制作得更好。人们花钱买的主要就是品牌名,也许买百达翡丽的人就是为了看不起买劳力士的人。

上面提到的一些商品可能说的是经济学家所说的"凡勃伦商品"❶。对于大多数商品,随着价格下降,需求量会增

---

❶ 该术语以经济学家托尔斯坦·凡勃伦(Thorstein Veblen)命名,意为,一些商品价格定得越高,就越能受到消费者的青睐。——译者注

加。例如,丰田卡罗拉2012年在美国的销量是近30万辆,但如果丰田能在不影响质量的情况下将价格降低一半,他们的销量将会大大增加。但是,如果宝马将328i的价格降至丰田卡罗拉的价格,那么宝马的销量可能会减少。

宝马3系列就是典型的凡勃伦商品。购买宝马的目的是有点表示与众不同。如果这个系列的汽车变得便宜,那么就会让人会失去这种感受。当你购买宝马时,你不仅仅是想买一台性能好的豪华车,更是为了证明你比其他人更成功。买梅赛德斯-奔驰也是一样的。因此,许多宝马车主反对宝马推出相对便宜的320i也就不足为奇了,同样,梅赛德斯-奔驰车迷则对梅赛德斯推出相对便宜的CLA 250感到不满。低端价格出售会使更多的人进入圈子,但也降低了品牌的独特性。在某种程度上,拥有宝马或奔驰的意义在于成为这个品牌的车主。但这仅在大多数人买不起宝马或奔驰的情况下才有效。

这就是许多奢侈品消费背后的心理学,它有不利影响吗?

追求地位天生令人反感吗?

人类似乎天生就喜欢追求地位。追求地位的表现方式可能因文化而异,但不追求地位的人类文化似乎不存在。

追求地位有一个明显的问题:它首先是一场零和博弈。

我们都可以变得更聪明，但不可能所有人都变得比其他人更聪明。我们都可以变得更富有，但不可能所有人都变得比其他人更富有。我们都可以变得更漂亮，但不可能所有人都变得比其他人更漂亮，地位就是排名。

排名上升的唯一方法就是让其他人下降。想一想：如果我们挥动魔杖，让美国所有大学的成就都达到现在的两倍，那么《美国新闻与世界报道》(*U.S.New & World Report*)的大学排名应该保持不变。如果我们挥动魔杖，让每个人的奔跑速度都快一倍，奥林匹克100米赛跑的结果也不会改变。

因为追求地位是零和的，所以追求地位在本质上是令人反感的，渴望更高的地位就是渴望优越。提高自己的地位，就是降低别人的地位。但是，理想情况下，社会关系应该是积极的正和博弈——每个人都可以成为赢家。

追求地位有用吗？

理想情况下，从追求公众精神和善良的角度出发，我认为每个人都会压抑攀比欲望，富有成效地工作、创新并服务于公众利益。[4]但不幸的是，人们都热衷于追求身份地位，因此，在市场内外都在寻找展现地位的商品。具有讽刺意义的是，抱怨追求地位本身也是追求地位的行为表现——为了表现道德优越感而掩饰对其追求。

鉴于此,我们也许会尽量减少抱怨行为。虽然我对此不抱太大希望。因此,我们应该寻找是否有某种方法,可以将无所不在的追求地位的零和博弈转变为正和博弈。

伯纳德·曼德维尔(Bernard Mandeville)在他的著名诗歌《嗡嗡的蜂房》(*The Grumbling Hive*)中认为市场倾向于这样做。他让我们想象一个蜂巢,一个充满自私的蜜蜂的蜂巢,每只蜜蜂都通过满足他人的"欲望和虚荣心"来赚钱。这个资本主义制度的"每个部分"都"充满罪恶","整个社会"却是"一个天堂",甚至"穷人也比富人活得更好"。曼德维尔的基本思想是,从长远来看,对地位有追求会带来创新和经济增长。追求地位是恶劣的,但至少市场会给追求地位的人金钱回报。

经济学家弗里德里希·哈耶克(F. A. Hayek)认为,

> 我们经济的快速发展在很大程度上是不平等的。经济无法统一快速发展,而必须以梯队的方式进行……在(知识增长过程)的任何阶段,总会有许多我们已经知道如何生产,但成本仍然太高而无法大批量生产的东西……舒适的家居、交通工具、通信工具、娱乐工具、我们享受的所有便利,起初只能少量生产;

但正是在这样做的过程中,我们逐渐学会以更少的成本来制造它们或类似的东西,从而开始将它们供应给绝大多数人。尽管违背了初衷,富人大部分支出被用来支付试验,以制造新事物给更多穷人。

哈耶克认为,我们现在更富有的原因不是我们拥有更多的资源——其实我们拥有得更少了,而是因为我们更了解如何最优地利用现有资源。然而通常情况下,当我们学习如何制造新产品(如手机)时,按单位生产的成本是非常昂贵的。富人购买第一批产品,首先获得所有好处,但他们也支付前期成本。他们支付了可以大批量生产的基本基础设施,让所有人都能享受到产品。富人为实验和创新买单,并资助企业家寻找向穷人推销的方法,尽管这不是富人的本意。现在富裕国家可以提供过去的奢侈品(电视、电力、抽水马桶)的原因是这些国家过去只允许少数人购买此类商品,而并非所有人都能买。

人们通过市场购买那些能展示地位的商品,有一个独特的标志——随着生产批量化,那些商品通常会变成每个人都可以购买的标配商品。根据美国人口普查,超过80.9%的美国贫困线以下家庭拥有手机,58.2%拥有电脑,83%拥有空调,68.7%拥有洗衣机,65.3%拥有干衣机,近100%有冰箱、炉子和电视。[5]大多数这些物品刚刚出现时，只有富人才买得起。富人购买它们的部分原因是为了拥有其他人买不起的东西。但在购买此类商品时，富人为这些商品的最初开发成本买单，进而为这些商品提供更广泛的市场买单。那些想要展示地位的人必须购买更新、更高档的东西，如此循环往复。

雷克萨斯的买家付钱给丰田，开发更新、更好的发动机和技术，后来丰田将技术应用到普通汽车中。这种转让如同讴歌买家之于本田，英菲尼迪买家之于东风日产，凯迪拉克买家之于通用汽车公司。今天的溢价费使得商品成为明天普通人的标配。

想想廉价的本田飞度，它可能是经济型超小型车中整体性能最畅销的一款。该车具有低速主动制动系统（汽车在遇到紧急情况时会自行制动）、换挡器、十座饮料架、两个手套箱、方向盘上的控制装置、带语音控制的卫星导航、USB音频界面、播放MP3和CD的160瓦六扬声器立体声系统、触摸屏、牵引力控制装置、前向和幕式安全气囊、带电子制动系统的防抱死制动装置。这是一款智能线控油门系统，可以根据路况和天气状况来控制油门，同时从死停加速到96.5606/小时，比20世纪80年代的宝马速度快，同时节省燃油。除此之外的所有功能，也都是高价奢侈车才能拥有的。

所以，我再次认可，炫耀自己比别人优越是令人反感的，但我们应该承认它也好处多多。

关于花钱塑造形象的总体想法

花钱塑造一个比别人更好的形象令人反感，但正如我们所看到的，它至少有一些潜在的好处。然而，道德家们更进一步思考，认为这种消费不好。

行动主义者兼作家娜奥米·克莱因撰写了一部著作《拒绝名牌》(*No Logo*)，该书持续攻击品牌和品牌身份。根据克莱因的说法，品牌名称最初是在工业革命期间发展起来的，是为了将同类产品区别开来。品牌可以帮助我们识别我们喜欢的产品，发挥合法的作用。举例来说，我们可能更喜欢可口可乐的味道而不是百事可乐，而品牌可以让我们把可口可乐和它的竞争对手区分开来，并且（在一个尊重商标的制度下）区分真假可口可乐。

克莱因抱怨说，品牌已经超出了它们最初的合法使命。品牌关注的不再是产品本身，而是产品是否满足消费者的基本需求，以及产品是否被认同。

为了销售产品，商人们构建起产品与生活方式、形象和文化之间的联想，并诱导公众接受。例如，苹果设法让人们相信苹果笔记本电脑很酷，它适合富有创造力、具有创业精神和艺术感的人，而台式电脑本身很无聊，它是为会计师和游戏发烧友准备的。但是，实际上，这些都和计算机本身没有任何关系。苹果的笔记本电脑本质上并不比台式电脑更能激发创造力。

公司花费大量资金来操纵我们接受这些产品与生活方式和形象的关联。里昂·比恩（Leon Leonwood Bean）品牌的衣服是"户外"的，而另一家制造商的衣服是"时髦的"和"街头的"；万宝路香烟粗犷而有男子气概，而其他制造商的相同香烟可能会被视为懦弱或女性化；在美国，美国职业足球大联盟被视为左翼，而美国职业橄榄球大联盟则被视为右翼；马自达3酷炫时尚，但同级别中其他同样表现出色的汽车却很乏味；高蛋白酸奶是给硬汉们喝的，但其他相同的优诺酸奶是给练瑜伽的妹子们喝的；多瑟瑰啤酒适合有趣的灵魂，科罗娜啤酒适合放松，而一箱淡啤酒是巩固兄弟情最合适的。

从营销的角度来看，建立产品与生活方式和形象的关联，目的是使产品不仅仅是商品，能让企业不必提高产品质量就具有竞争力。现代捷尼赛思可能是比许多其他入门级豪车更好的汽车，但由于没有塑造合适的形象，它很难与同类产品竞争。所以，构建产品形象或文化联想成为进入市场的障碍，从而确保奢侈品产品的市场占有率。

据我了解，克莱因没有明确反对品牌。相反，她的主要论点是委婉的——她带着一种畏惧资本的心情写作，并使用晦暗的意象来引起读者的反感。此外，她主要担忧此类广告具有操纵性——营销人员和消费者同谋，无中生有地构建了产品的神话——在某些情况下具有欺骗性。营销人员提出购买产品将使一个人地位提升。

与克莱因不同，我认为人们喜欢产品与生活方式和形象的联想，考虑有三个可能存在的世界。

A.一个与我们完全一样的世界，具有现存的产品与生活方式和形象联想。

B.一个像我们这样的世界，但你选择了不同的产品与生活方式和形象联想。

C.一个像我们这样的世界，但没有产品与生活方式和形象联想。

A是现状。B允许克莱因不喜欢的联想存在，但可以有不同的联想。在B中，你可以决定个人电脑（PC）是艺术，而苹果笔记本是无聊之选。在C中，根本没有关联。产品的影响力完全取决于内在品质，仅此而已。现在问：你将如何排列A、B和C？

我没有进行过民意调查，所以我不知道人们实际上会选择什么。但我可以证明A或B会被选择而不是C。如果不是决定作用，人们有理由重视产品与生活方式和形象联想。我的论点如下。

1. 一般人渴望塑造自己的身份，并渴望能够向自己和他人展示这种身份。

2. 当产品具有生活方式、形象和文化联想时，人们就可以使用这些产品来帮助塑造身份，并向自己和他人展示这种身份。

3. 如果是这样，那么产品与生活方式和形象联想对一般人来说具有价值。

4. 因此，产品与生活方式和形象联想对于一般人来说具有工具价值。

我想，对任何十几岁的人或刚毕业经历"四分之一生命危机"的大学毕业生来说，前提1似乎都是显而易见的。在我们的文化中，我们大多数人在不同的时刻都面临着必须选择创造和培养自我意识的概念。我们在不同的价值观和不同的理想中做出选择。我们不是简单地发现自己，而是选择成为什么样的人。因为我们希望他人以某种方式看待我们，所以我们希望能够向他们表达这种身份。我们发现别人看我们的方式与我们看自己的方式不同，或者根本看不到我们，这很不和谐。我们也想向自己表达这种身份——这就是为什么没人注意的时候,有些人仍然穿着一样的衣服。

关于前提2:当市场营销人员、公关专家和品牌形象顾问开展他们的工作时,这些工作需要广大公众的合作,他们最终创造了丰富的形象、意义和想法。我不想过分强调这一点,但在某种意义上,品牌创造了一套更丰富的色彩体系,我们可以借此描绘我们的自我形象,或者构建我们的自我形象。就像诗人和小说家利用先前存在的意象和暗示来表达思想一样,我们也可以用更平凡的方式来使用品牌意象和品牌神话。

现在,从整体上来说,对于任何一个特定的人,甚至对大多数人来说,现有的产品与生活方式和形象联想是压迫而不是解放。虽然还没有找到能证明这一点的论证,但我愿意接受这种可能性。然而,即使有人确实证明了这一点,那也只能证明对许多人来说,C比A更可取。这并不能完全为C辩护,因为人们仍然需要论证C比B更可取。

财富永远不够

世界银行曾预估2017年经平价调整购买价格后,世界生产总值约为127.5万亿美元,并假设未来50年经济放缓至每年2.5%的适度水平。即使在这种悲观的设想下——事实上,世界产品已经增长了3.5%以上——到2068年,世界总产值将超过430万亿美元。到2095年，人民应该和普通的加拿大人或德国人一样富有。

凯恩斯白天写经济学论文，晚上则与布卢姆斯伯里集团的其他时髦知识分子一起阅读诗歌。他认为也许有一天我们都会这样——不再担心工作和生产力，而是关心更高尚的事情。凯恩斯认为，我们会遇到新的道德和智力危机。

自从凯恩斯理论提出之后，人类将第一次面临真正的、永恒的问题——如何利用从紧迫的经济忧虑中获得的自由，如何利用科学和复利赢得闲暇，明智地、愉快地、健康地生活。

凯恩斯有这样一个观点。事实上，正如我们所讨论的，人们现在工作的时间比过去少，花在休闲上的时间却多得多。对一些人来说，休闲意味着追求一种有意义和有成效的爱好，比如，编织、园艺、演奏乐器或讨论伟大的文学作品。对其他人来说，休闲主要是被动消费——看一场足球比赛或沉溺于网飞。对一些人来说，生活方式是两者兼有。

正如凯恩斯所预测的那样，我们财富的增加已经引起了某种道德和智力危机。有些人非常乐意在被动休闲中度过一生，而有些人则觉得他们必须积极地做某事，否则他们的生活将缺乏意义。与过去相比，现在的年轻人更有可能面临"四分之一生命危机"——他们必须决定自己成为什么样的人并为之感到焦虑。人们认识到，选择在哪里生活和工作也是在选择他们将成为什么样的人、他们会重视什么以及他们会爱上谁。今天，许多人仍然在不相容的生活方式之间徘徊，例如，想成为全职妈妈，也想从事有意义的全职职业。

凯恩斯推测，我们最终会变得足够富有，从而拥有足够的"物质"。因此，我们会发展出新的价值观和美德，帮助我们过上有意义的生活。我们的目标将是艺术和智力的成就，而不是经济生产多样化。他认为，我们最终会回归以生产和节俭为基础的古老美德——当几乎没有什么经济问题时，这些美德就有用，而一旦又有经济问题解决时，这些美德就会被排斥。

从长远来看，我和凯恩斯一样对人类持乐观态度：人类有能力处理由富足带来的"问题"。我期望人们进入富足时代后，对工作和休闲的态度会发生变化，就像这方面已经发生了变化一样。例如，100年前，一般的美国人并不担心工作的意义或成就感。

但与凯恩斯不同的是，我对稳态经济（不增长的经济）的前景并不热衷。我认为贪财是有意义的，我认为财富永远"不够"。我将提供两个原因，一个是负面的，一个是积极的。

负面原因：从定义上讲，稳态经济是零和经济。如果没有经济增长，一个人变得更富有的唯一方法就是另一个人变得更穷。考虑一个简单的例子。假设有两个人，安和芭比。假设两人经济总GDP永远保持为每年100万美元。为了让安的收入从50万美元增加到60万美元，芭比必须从50万美元减少到40万美元。这是稳态经济的逻辑含义。

我不想夸大这一点。当一般的哲学家谈到稳态经济时，通常并不是说我们应该强迫该系统保持零增长，以致我们都成为彼此的竞争对手。他们只是设想一个体系中大多数人对他们所拥有的经济感到满意，导致其没有太大的增长空间。

但实际上，经济在低增长时，人们会产生对彼此的反感和对抗。他们对此感到绝望和不满足。也许200年后，我们不会再这样想了；但也许它根植于我们的内心，我们希望我们的后代比我们做得更好。

积极原因：我对人们的能力持乐观态度。从长远来看，当他们拥有更多的财富时，他们会做有意义和令人惊奇的事情。我希望人们尝试新的艺术形式和新的生活方式。其中一些实验取得成功，人们将改变生活方式以及获取生活意义的方式。我认为存在我们还不理解或想象不到的更高形式的生活和艺术，需要经济发展才能实现。

举一个看似普通或低俗的例子，如电子游戏。请注意，我算不上一个游戏玩家——我可能会用十年时间通关一个视频游戏。但是我同意某些电子游戏是真正的艺术作品。例如，任天堂的《塞尔达传说：荒野之息》(*The Legend of Zelda: Breath of the Wild*)。这款游戏将玩家置于一个身临其境的巨大开放世界中，他们可以自由地完成他们认为合适的任务，也可以完全自由地做任务。该游戏鼓励实验和创业，每个谜题都可以通过十几种方式解决——或者被忽略。它也是对内疚、恐惧、失败、斗争、责任、孤独、爱和救赎的深刻且感人的反思。由于它是玩家主动控制角色而不是被动地服从故事，这种艺术形式可以让人们以小说、电影、音乐剧或戏剧无法体验的方式体验情感和释放情感。现在我很想看看如果游戏开发者可以花费5万亿美元而不是1亿美元来创作这件艺术品，他们会做些什么。[6]

马克思主义哲学家科恩认为，金钱，或者更确切地说，金钱所代表的真正财富，是一种自由形式。一个人拥有得越多，一个人能做的就越多。财富是通往世界的门票，还是建立和探索新世界的能力。如果你和我一样，对人类寻找和发展新的、更高级的生活方式的长期能力抱有基本信念，那么你会希望我们的后代尽可能多地拥有这种自由。从长远来看，我们的后代可能会像神一样生活，或者更确切地说，就像我们现在想象的神一样。我想给他们这个机会。

结语

哲学家托马斯·霍布斯有句名言:"人们对权力的永恒渴望,只有在死亡时才会停止。"

当大多数人听到或读到这一点时,都会断章取义地认为霍布斯对人性持悲观态度,然而他的真正意思是每个人都想拥有权力和支配他人。

霍布斯将"权力"定义为获得某种未来利益的能力或手段。霍布斯所说的"对权力的永恒渴望"是指人们渴望不断扩大自己获得善的能力。此外,他认为这种动机是完全合理的。即使是一个中级阶层的人,仍然面临失去谋生手段或生命的威胁。贪财是有道理的,因为我们拥有得越多,我们就越坚强。

在霍布斯的观念中,富有就是拥有权力。财富通常会增强我们实现目标的能力,使我们免受伤害和风险,拓展我们的能力,让我们过上真正属于自己的生活,体会这个世界所能提供的一切欢乐,使数十亿陌生人能够展开大规模的合作,并鼓励所有人消除彼此之间的分歧。

注 释

第一章 万恶之源

1. 是的,这是一个问题。我在Google购物上找到了几十个例子,从15美元到30美元不等。

2. https://poetsandquants.com/2018/08/11/what-business-school-professors-are-paid-may-surprise-you/2/.

3. www.independent.co.uk/life-style/british-sex-survey-2014-over-three-quarters-of-men-watch-porn-but-women-prefer-erotica-9762906.html.

4. www.pewforum.org/religious-landscape-study/.

5. http://historymatters.gmu.edu/d/5769/.

6. 在钦定译本中,提摩太前书 3:3、提摩太前书 3:8、提多书 1:7 和彼得前书 5:2。

7. www.ecnmy.org/engage/this-is-how-buddhist-monks-live-without-money/.

8. www.law.com/almID/900005560787/?slreturn=20180929084833.

9. www.cnbc.com/2017/06/06/bernie-sanders-made-over-1-million-last-year-and-has-joined-the-1-percent.html.

10. Seneca, Moral Letters to Lucilius（塞涅卡道德书简：致鲁基里乌斯书信集）letter5.https://en.wikisource.org/wiki/ Moral_letters_to_Lucilius/Letter_5.

11. https://blogs.scientificamerican.com/moral-universe/the-problem-with-rich-people-and-ethics/.

12. McCloskey 2011认为，改变人们对赚钱的态度，对于创造17世纪左右开始的西方财富激增至关重要。

13. Maddison 2003, 70; The Maddison-Project, www.ggdc.net/maddison/ maddison-project/home.htm, 2013 version.

14. 根据德隆2002年财务分析，以2000年美元为基准，公元前5000年为130美元，公元1800年为250美元。对此，安格斯·麦迪逊给出了不同数据：根据麦迪逊2003年财务分析，以1990年美国美元为基准，公元元年人均GDP为467美元，到2003年涨到6516美元。

15. 按2014年美元基准计算，2014年世界人均收入约为16100美元，高于1800年的500美元。www.cia.gov/library/publi cations/the-world-factbook/fields/2004.html.

16. 我用的是安格斯·麦迪逊的历史人均GDP数据，www.ggdc.net/mad dison/Maddison.htm；以及世界银行的数据，https://data.worldbank. org/indicator/NY.GDP.MKTP.CD.

17. 我用的是安格斯·麦迪逊的历史人均GDP数据，www.ggdc.net/maddison/Maddison.htm。见Maddison 2003。

18. Paul Krugman,"The CPI and the Rat Race,""消费者物价指数与内卷"Slate, Sunday, December 22, 1996, www.slate.com/articles/business/the_dismal_science/1996/12/the cpi and_the_rat_race.html.

19. U.S. Census Bureau, "American Housing Survey for the

United States, 2003 and 2005 Data Charts," www.census. gov/hhes/www/housing/ ahs/nationaldatahtml#jump2; U.S. Department of Energy, Energy Information Administration, "Housing Characteristics 2001," www.eia. doe.gov/emeu/recs/recs2001/detail_tables.html; U.S. Census Bureau, "Survey of Income and Program Participation," 2001 Panel, Wave 8 Topic Module, 2003.

20. 数据来自美国人口普查局数据,"Annual Housing Survey," 2017, www.census.gov/programs-surveys/ahs/data/interactive/ahstablecreator.html.

21. www.eia.gov/consumption/residential/data/2015/#electronics, Table HC4.5 Electronics in U.S. homes by household income, 2015.

第二章 金钱之爱

1. www.theguardian.com/news/datablog/2012/may/24/ robert-kennedy-gdp.

2. 当有人说,"GDP并不重要,所以你应该给我更多的权力!",如果你真的认为他们在批判GDP,那你就太天真了。

3. 感谢克里斯·弗里曼提出这一点。

4. www.econlib.org/archives/2014/02/wolfers_respond.html.

5. www. econlib. org/ archives/ 2014/ 03/ the_happiness_o. html.

6. www. ggdc. net/ maddison.

7. www. globalrichlist. com.

8. www. aei. org/ publication/ how-are-we-doing/.

9. www. aei. org/ publication/ how-are-we-doing/.

10. https:// ourworldindata. org/ child-mortality.

11. https:// ourworldindata. org/ war-and-peace.

12. www. emdat. be/ disaster_trends/ index. html.

13. See van der Vossen and Brennan 2018; https:// ourworldindata. org/ natural-catastrophes.

14. www. aei. org/ publication/ how-are-we-doing/.

15. www. nytimes. com/ 2014/ 02/ 15/ opinion/ sunday/ the-all-or-nothing-marriage. html?_r=0.

16. https://economix.blogs.nytimes.com/2012/02/06/marriage-is-for- rich-people/.

17. 商店经理可以决定商品的标价,但他们通常不能决定商品的实际售价。如果他们把价格定得太高,人们就不会买;如果把价格定得太低,人们便会抢购一空,然后在二级市场上以更高的价格转售。

18. 从经济学的角度出发,在这种情况下,既有供给冲击,也有需求冲击。缺乏电力使得生产冰块或防止现有冰块融化变得更加困难,所以存在供给冲击。因为停电意味着更多的人需要冰块,并愿意为其支付更多的费用,所以存在需求冲击。

第三章 金钱是肮脏的吗？金钱会腐蚀人吗？

1. www. bostonreview. net/ gintis-giving-economists-their-due.

2. www. bbc. co. uk/ news/ science-environment-23623157.

第四章 赚钱无可厚非

1. http:// fortune.com/2015/09/14/pope- francis- capitalism-inequality/.

2. www. scientificamerican. com/ article/ the-moral-life-of-

babies/.

3. 更确切地说，他们确保你做一项你自己及其他各方都期望从中获利的交易。有时我们也会犯错。我曾经买了块糖果，期望它的实际价值超过我所支付的钱，但后来却发现我不喜欢那种糖果。不过我们从经验中学习，下次会做得更好。至少，在投资的时候，每个人都有理由期待会变得更好。

4. www. scribd. com/document/166175880/Reason-Rupe-Poll-May- 2013-Toplines.

5. http:// pages.stern.nyu.edu/~adamodar/New_Home_Page/datafile/ margin. html.

6. www. macrotrends. net/ stocks/ charts/ WMT/ walmart/ net-profit-margin.

7. https:// ij.org/ issues/ economic-liberty/ braiding/.

8. https:// ij.org/case/ taalib-din-abdul-uqdah-v-district-of-columbia-2/.

9. https:// wol. iza. org/ uploads/ articles/ 392/ pdfs/ the-influence-of-occupational-licensing-and-regulation. pdf.

10. www.forbes.com/sites/stevensalzberg/2016/04/25/why-are-we-growing-corn-to-fuel-our-cars-three-reasons-why-ethanol-is-a-badidea/#6d971ff95e98; http://science.sciencemag.org/content/319/5867/ 1238.

11. www. npr. org/ sections/ itsallpolitics /2013/ 11/ 11/ 243973620/when lobbyists-literally-write-the-bill; www.theatlantic.com/business/archive/2015/04/how-corporate-lobbyists-conquered-american-democracy/ 390822/.

12. www. cato. org/ publications/ commentary/ why-enron-wants-global- warming.

第五章　富国与穷国

1. 有人可能会反对说,现如今一个国家的制度是好是坏,取决于它过去是否有过殖民经历。然而2005年阿西莫格鲁、约翰逊和罗宾逊的研究却表明,这是个更加复杂的问题。一些被殖民国家今天比原来更富裕,因为殖民国家为其建立了良好的制度体系。(这并不是维护殖民主义或为其辩护。)有些国家比较贫穷,是因为殖民国家在其国内大肆压榨百姓。

2. Beckert 2015; Johnson 2013; Baptist 2016 See Olmstead and Rhode 2018 for a damning critique.See also http://bradleyahansen.blogspot.com/2014/10/the-back-of-ed-baptists-envelope.html.

3. www.salon.com/2014/09/07/we_still_lie_about_slavery_heres_the_truth_about_how_the_american_economy_and_power_were_built_on_forced_migration_and_torture/.

4. Maddison-Project,www.ggdc.net/maddison/maddison-project/home.htm, 2013 version; Landes 1999, xx.

5. As economist Angus Maddison summarizes the trends (Maddison 2003, 70‑71):

   在公元1000年,区域间的差距确实很小。到2003年,所有地区的收入都增加了,但是最富裕和最贫穷地区之间的差距仍为18∶1,国家间的贫富差距也越来越大。人们还可以看到西方国家(欧洲、美国、加拿大、澳大利亚、新西兰)及其他地区国家间的贫富差距。西方国家实际人均收入在公元1000年到公元1820年间增长了2.8倍,在1820年到2003年间增长了20倍。从公元1000年到公元1820年,其他地区收入的增长速度则要慢得多,仅略微超过1/4。公元1820年之后收入增长达到了7倍。

6. http://data.worldbank.org/indicator/NY.GDP.PCAP.PP.CD.

7. http://www2.ohchr.org/english/issues/poverty/expert/docs/Thomas_Pogge_Summary.pdf.

8. 其他人也发现了类似的结果。例如，罗伯特·格里尔认为，前殖民地目前的经济表现与欧洲列强占领这些殖民地的时间长短密切相关。参见格里尔1999年发表的文章。

9. 戴维斯和赫顿·巴克于1987年发现产生此等现象的原因。帝国主义的利益集中在少数拥有广泛政治人脉的人身上。

10. https://en.wikipedia.org/wiki/1860_United_States_Census.

11. www.measuringworth.com/slavery.php.

12. 在许多地方，奥姆斯特德和罗德根据巴普蒂斯特的引文找到其引用的原文，发现巴普蒂斯特在引用时，会在一些引文中插入某些单词、短语和句子，或者删除部分单词、句子和上下文，以便改变原文的意思，从而为己所用。究竟这是有意的学术造假还是单纯的无能，估计只有巴普蒂斯特自己知道。

13. US Census 1861, 733–742, www.census.gov/programs-surveys/decennial-census/decade/decennial-publications.1860.html; https://www2.census.gov/library/publications/decennial/1860/manufactures/ 1860c-22.pdf?#.

14. http://bradleyahansen.blogspot.com/2014/10/the-back-of-ed-baptists-envelope.html.

15. http://bradleyahansen.blogspot.com/2014/10/the-back-of-ed-baptists-envelope.html.

16. https://georgetown.app.box.com/s/n6jizt11blybpeusicxq0kvmn7go8cz6.

17. www.ggdc.net/maddison/oriindex.htm.

第六章 要把钱捐出去吗?

1. www.youtube.com/watch?v=IC4FnfNKwUo.

2. www.givingwhatwecan.org/research/other-causes/blindness/.

3. www.businessinsider.com/the-worlds-best-charity-can-save-a-life-for-333706-and-thats-a-steal-2015-7.

4. www.princeton.edu/news/2018/10/08/princeton-endowmentearns-142-percent-return.

5. https://nccs.urban.org/data-statistics/charitable-giving-america-somefacts-and-figures.

6. 摘自科恩2013,51。另见班纳吉,迪弗洛 2011;科利耶2007;伊斯特利 2002,2006;莫约 2009;哈巴德,达根 2009;卡兰,阿佩尔 2011。有研究称,援助往往对经济增长有积极作用,但仅限于受援国已经有良好制度的情况下,如可提供对私有财产的有力保护和法治。这些研究证实了"制度胜过一切"的说法:只有在制度正确的情况下,援助才有帮助。其他研究声称,他们发现即使没有良好的制度背景,援助总是有一些积极的影响。(例如,见汉森,塔普 2001)但是大多数研究称援助不仅对受援国没有效果,反而更糟糕的是,带来了负面影响。(布鲁姆2003;拉詹,萨布拉马尼 2008;鲍尔2000;伊斯特利,莱文,罗德曼2004;杜库里格,帕尔达姆 2006,2009;埃尔巴达维1999;伦辛克,怀特2001)。

第七章 贪婪、嫉妒和怀疑

1. www.econ.yale.edu/smith/econ116a/keynes1.pdf.

2. www.motortrend.com/roadtests/sedans/1306_2014_toyota_corolla_first_look/.

3. www.goodcarbadcar.net/2011/01/hyundai-genesis-sales-figures/; www.goodcarbadcar.net/2011/01/bmw-3-series-

sales-figures/.

4. 要了解一个世界市场会是什么样,请参阅贾森·布伦南的著作《为什么不是资本主义?》(New York: Routledge Press, 2014)。

5. www.census.gov/hhes/well-being/publications/extended-11.html.

6. www.forbes.com/sites/olliebarder/2016/06/30/zelda-breath-of-the-wild-needs-to-sell-2-million-copies-to-break-even/#1ea4b68a615f.

注释

参考文献

1. Acemoglu, Daron, Simon Johnson, and James A. Robinson. 2001. *The Colonial Origins of Comparative Development: An Empirical Investigation.* American Economic Review 91: 1369–1401.

2. Acemoglu, Daron, Simon Johnson, and James A. Robinson. 2002. *Reversal of Fortune: Geography and Institutions in the Making of World Income Distribution.* Quarterly Journal of Economics 117: 1231–1294.

3. Acemoglu, Daron, Simon Johnson, and James A. Robinson. 2005. *Institutions as a Fundamental Cause of Long-Run Growth.* In Handbook of Economic Growth, Vol. 1A, edited by Philippe Aghion and Steven N. Darlauf. Amsterdam: Elsevier.

4. Acemoglu, Daron, and James A. Robinson. 2005.*Unbundling Institutions.* Journal of Political Economy 113: 949–995.

5. Acemoglu, Daron, and James A. Robinson. 2013. Why Nations Fails. New York: Crown Business.

6. Al-Ubayli, Omar, Daniel Houser, John Nye, Maria Pia Paganelli, and Xiaofei Sophia Pan. 2013. *The Causal Effect of Market Priming on Trust: An Experimental Investigation Using Randomized Control.* PLoS One 8 (3): e55968. doi:10.1371/journal.pone.0055968.

7. Anderson, Elizabeth. 2000a.*Why Commercial Surrogate Motherhood Unethically Commodifies Women and Children: Reply to McLachlan and Swales.* Health Care Analysis 8: 19–26.

8. Anderson, Elizabeth. 2000b. *Beyond Homo Economicus: New Developments in Theories of Social Norms.* Philosophy and Public Affairs 29: 170–200.

Archard, David. 1999. *Selling Yourself: Titmuss's Argument Against a Market in Blood.* Journal of Ethics 6: 87–102.

9. Arezki, Rabah, Frederick van der Ploeg, and Frederik Toscani. 2019. *The Shifting Natural Wealth of Nations: The Role of Market Orientation.* Journal of Development Economics 138: 228–245.

10. Ariely, Dan, Ximena Garcia-Rada, Lars Hornuf, and Heather Mann. 2014. *The (True) Legacy of Two Really Existing Economic Systems.* Munich Discussion Paper No. 2014-26. https://papers.ssrn.com/sol3/papers.cfm?abstract_id=2457000.

11. Ariely, Dan, and Heather Mann. 2013. *A Bird's Eye View of Unethical Behavior: Commentary on Trautmann et al.* Perspectives on Psychological Science 8: 498–500.

12. Banerjee, Abhijit, and Esther Duflo. 2011. Poor Economics. New York: Public Affairs.

13. Baptist, Edward. 2016. The Half Has Never Been Told. New York: Basic Books.

14. Barber, Benjamin. 2008. Consumed. New York: W. W. Norton and Company.

15. Bauer, Peter T. 2000. From Subsistence to Exchange. Princeton: Princeton University Press.

16. Becker, Gary. 1957. The Economics of Discrimination. Chicago: University of Chicago Press.

17. Beckert, Sven. 2014. Empire of Cotton. New York: Penguin.

18. Beckert, Sven. 2015. Empire of Cotton. New York: Vintage.

19. Benhabib, Seyla. 2004. The Rights of Others. New York: Cambridge University Press.

20. Berggren, Niclas, and Therese Nilsson. 2013. *Does Economic Freedom Foster Tolerance?* Kyklos 66: 177–207.

21. Berlin, Isaiah. 1997. *Two Concepts of Liberty.* In The Proper Study of

Mankind. New York: Farrar, Straus, Giroux.

22. Bhattacharjee, Amit, Jason Dana, and Jonathan Baron. 2017. *Anti-Profit Beliefs: How People Neglect the Societal Benefits of Profit*. Journal of Personality and Social Psychology 113: 671.

23. Bloch, Maurice, and Jonathan Parry. 1989. Money and the Morality of Exchange. New York: Cambridge University Press.

24. Boom, Paul. 2013. Just Babies: The Origins of Good and Evil. New York: Crown.

25. Boswell, Samuel. 2008. The Life of Johnson. New York: Penguin. Brennan, Jason. 2005. *Choice and Excellence: A Defense of Millian Individualism.* Social Theory and Practice 31: 483–498.

26. Brennan, Jason. 2014. Why Not Capitalism? New York: Routledge Press. Brennan, Jason, and Peter Jaworski. 2015. *Markets Without Symbolic Limits*. Ethics 125: 1053–1077.

27. Brennan, Jason, and Peter Jaworski. 2016. Markets Without Limits. New York: Routledge Press.

28. Brian, Craig, and Brian Lowery. 2009. 1001 Quotations That Connect: Timeless Wisdom for Preaching, Teaching, and Writing. Grand Rapids: Zondervan Press.

 Brumm, Harold J. 2003. *Aid, Policies, and Growth: Bauer Was Right*. Cato Journal 23: 167–174.

29. Burnside, Craig, and David Dollar. 2000. *Aid, Policies, and Growth*. American Economic Review 90: 847–868.

30. Camera, Gabriele, Marco Casari, and Maria Bigoni. 2013. *Money and Trust Among Strangers*. Proceedings of the National Academy of Sciences 110: 14889–14893.

31. Cameron, Judy, and W. David Pierce. 1994. *Reinforcement, Reward, and Intrinsic Motivation: A Meta-Analysis*. Review of Educational Research 64: 363–423.

32. Carter, Susan B., Scott Sigmund Gartner, Michael R. Haines, Alan L. Olmstead, Richard Sutch, and Gavin Wright, eds. 2006. Historical Statistics

of the United States: Earliest Times to the Present. New York: Cambridge University Press.

33. Cikara, Mina, and Susan T. Fiske. 2012. *Stereotypes and Schadenfreude: Affective and Physiological Markers of Pleasure at Outgroup Misfortunes*. Social Psychological and Personality Science 3: 63–71.

34. Clark, Gregory. 2008. A Farewell to Alms. Princeton: Princeton University Press.

35. Coelho, Philip R. P. 1973. *The Profitability of Imperialism: The British Experience in the West Indies*. Explorations in Economic History 10: 253–280.

36. Cohen, G. A. 1995. Self-Ownership, Freedom, and Equality. New York: Cambridge University Press.

37. Cohen, G. A. 2008. Why Not Socialism? Princeton: Princeton University Press.

38. Collier, Paul. 2007. The Bottom Billion: Why the Poorest Countries Are Failing and What Can Be Done About It. New York: Oxford University Press.

39. Conrad, Alfred, and John Meyer. 1958. *The Economics of Slavery in the Antebellum South*. Journal of Political Economy 66: 95–130.

40. Cowen, Tyler. 2002. Creative Destruction. Princeton: Princeton University Press.

41. Cowen, Tyler. 2018. Stubborn Attachments. San Francisco: Stripe Press.

42. Cowen, Tyler, and Alex Tabarrok. 2010. Modern Principles of Economics. New York: Worth.

43. Coyne, Christopher. 2013. Doing Bad by Doing Good: Why Humanitarian Aid Fails. Stanford: Stanford University Press.

44. Cunningham Wood, John. 1983. British Economists and the Empire. New York: St. Martin's Press.

45. Davis, Lance E., and Robert A. Huttenback. 1982. *The Political Economy of British Imperialism: Measures of Benefits and Support*. Journal of Economic History 42: 119–130.

46. Davis, Lance E., and Robert A. Huttenback. 1987. Mammon and Empire. New York: Cambridge University Press.

47. De Soto, Hernando. 2000. The Mystery of Capital. New York: Basic Books.

48. Deaton, Angus. 2013. The Great Escape. Princeton: Princeton University Press.

49. Deci, E. L., R. Koestner, and R. M. Ryan. 1999. *A Meta-Analytic Review of Experiments Examining the Effects of Extrinsic Rewards on Intrinsic Motivation*. Psychological Bulletin 125: 627–668.

50. Delong, Brad. 2002. Macroeconomics. New York: McGraw-Hill.

51. Diener, E., Richard E. Lucas, and Christie Napa Scollon. 2009. *Beyond the Hedonic Treadmill: Revising the Adaptation Theory of Well-Being*. In The Science of Well-Being, 103–118. Dordrecht: Springer.

52. Doucouliagos, Hristos, and Martin Paldam. 2006.*Aid Effectiveness on Accumulation: A Meta Study*. Kyklos 59: 227–254.

53. Doucouliagos, Hristos, and Martin Paldam. 2009. *The Aid Effectiveness Literature: The Sad Results of 40 Years of Research*. Journal of Economic Surveys 23: 433–461.

54. Durante, Federica, Courney Beans Tablante, and Susan Fiske. 2017. *Poor but Warm, Rich but Cold (and Competent), Social Classes on the Stereotype Model*. Journal of Social Issues 73: 138–157.

55. Easterbrook, Gregg. 2004. The Progress Paradox. New York: Random House.

56. Easterlin, Richard A. 1974. *Does Economic Growth Improve the Human Lot? Some Empirical Evidence*. In Nations and Households in Economic Growth, edited by R. David and R. Reder, 89–125. New York: Academic Press.

57. Easterlin, Richard A. 1995. *Will Raising the Incomes of All Increase the Happiness of All?* Journal of Economic Behavior & Organization 27: 35–47.

58. Easterly, William. 2002. The Elusive Quest for Growth. Cambridge, MA: MIT Press.

59. Easterly, William. 2006. The White Man's Burden. Oxford University Press.

60. Easterly, William, Roberta Gatti, and Sergio Kurlat. 2006. *Development, Democracy, and Mass Killings*. Journal of Economic Growth 11: 129–156.

61. Easterly, William, and Ross Levine. 2003. *Tropics, Germs, and Crops: How*

62. *Endowments Influence Economic Development*. Journal of Monetary Economics 50: 3–39.

63. Easterly, William, Ross Levine, and David Roodman. 2004.*Aid, Policies, and Growth: Comment*. American Economic Review 94: 774–780.

64. Easterly, William, and Yaw Nyarko. 2009. *Is the Brain Drain Good for Africa?* In Skilled Immigration Today: Prospects, Problems, and Policies, edited by Jagdish Bhagwati and Gordon Hanson. Oxford University Press.

65. Edelstein, Michael. 1982. Overseas Investment in the Age of High Imperialism: The United Kingdom, 1850 — 1914. New York: Columbia University Press.

66. Eisenberger, Robert, and Judy Cameron. 1996. *Detrimental Effects of Reward: Reality or Myth?* American Psychologist 51: 1154–1166.

67. Elbadawi, I. A. 1999. *External Aid: Help or Hindrance to Export Orientation in Africa*. Journal of African Economics 8: 578–616.

68. Engerman, Stanley L. 2017. *Review of The Business of Slavery and the Rise of American Capitalism, 1815—1860 by Calvin Schermerhorn and The Half Has Never Been Told by Edward E. Baptist*. Journal of Economic Literature 55: 637–643.

69. Engerman, Stanley L., and Kenneth L. Sokoloff. 1997. *Factor Endowments, Institutions, and Differential Paths of Growth Among New World Economies*. In How Latin America Fell Behind, 260–304. Stanford: Stanford University Press.

70. Engerman, Stanley L., and Kenneth L. Sokoloff. 2002. Factor Endowments, Inequality, and Paths of Development Among New World Economics. No. w9259. National Bureau of Economic Research.

71. Fabre, Cécile. 2006. Whose Body Is It Anyway? New York: Oxford University Press.

72. Fieldhouse, D. K. 1961. *"Imperialism": A Historiographical Revision*.

Economic History Review 14: 187–209.

73. Finkel, Eli. 2017. The All or Nothing Marriage. New York: Dutton.

74. Foreman-Peck, J. 1989. *Foreign Investment and Imperial Exploitation: Balance of Payments Reconstruction for Nineteenth-Century Britain and India*. Economic History Review 42: 354–374.

75. Francois, P., and T. Van Ypersele. 2009. *Doux Commerces: Does Market Competition Cause Trust?* CEPR Discussion Paper No. DP7368.

76. Frank, Robert. 1984. *Are Workers Paid Their Marginal Products?* American Economic Review 74: 549–571.

77. Frederick, Shane, and George Loewenstein. 1999. *16 Hedonic Adaptation*. In Well-Being: The Foundations of Hedonic Psychology, edited by D. Kahneman, E. Diener, and N. Schwarz, 302–329. New York: Russell Sage.

78. Freidman, Benjamin. 2006. The Moral Consequences of Economic Growth. New York: Vintage.

79. Gorman, Linda. 2013. *Discrimination*. In The Concise Encyclopedia of Economics, 2013 online ed. www.econlib.org/library/Enc1/Discrimination.html.

80. Grier, Robert. 1999. *Colonial Legacies and Economic Growth*. Public Choice 98: 317–335.

81. Gwartney, James, Robert Lawson, and Joshua Hall. 2015. Economic Freedom of the World, 2014 Report. Vancouver: Fraser Institute.

82. Gwartney, James, Robert Lawson, and Joshua Hall. 2017. Economic Freedom of the World, 2016 Report. Vancouver: Fraser Institute.

83. Hall, Joshua, and Robert A. Lawson. 2014. *Economic Freedom of the World: An Accounting of the Literature*. Contemporary Economic Policy 32: 1–19.

84. Hall, Joshua, and Robert A. Lawson. 2015. *Economic Freedom of the World: An Accounting of the Literature*. Contemporary Economic Policy 32: 1–19.

85. Hall, Robert, and Charles Jones. 1999. *Why Do Some Countries Produce so Much More Output per Worker than Others?* Quarterly Journal of Economics 114: 83–116.

86. Hansen, Henrik, and Finn Tarp. 2001. *Aid and Growth Regressions*. Journal of Development Economics 64: 547–570.

87. Hariri, Yuval Noah. 2015. Sapiens. New York: Harper.

88. Hayek, F. A. 1960. The Constitution of Liberty. Chicago: University of Chicago Press.

89. Henrich, J., R. Boyd, S. Bowles, C. Camerer, E. Fehr, H. Gintis, and R. McElreath. 2001. *In Search of Homo Economicus: Behavioral Experiments in 15 Small-Scale Societies*. The American Economic Review 91: 73–78.

90. Hobbes, Thomas. 1994. Leviathan. Indianapolis: Hackett.

91. Hoffman, Mitchell, and John Morgan. 2015. *Who's Naughty? Who's Nice? Experiments on Whether Pro-Social Workers Are Selected Out of Cutthroat Business Environments*. Journal of Economic Behavior & Organization 109: 173–187.

92. Hubbard, R. Glenn, and William Duggan. 2009. The Aid Trap: Hard Truths About Ending Poverty. New York: Columbia Business School Publishing.

93. Isaacson, Walter. 2009. Steve Jobs. New York: Simon and Schuster.

94. Isen, Adam. 2015. *Dying to Know: Are Workers Paid Their Marginal Products?* Working Paper, Wharton School of Business.

95. Jaworsi, Peter, and William English. 2019. *Paid Plasma Has Not Decreased Unpaid Blood Donations*. Working Paper.

96. Jha, Saumitra. 2013. *Trade, Institutions, and Ethnic Tolerance: Evidence from South Asia*. American Political Science Review 107: 806–832.

97. Johnson, Walter. 2013. River of Dark Dreams. Cambridge, MA: Belknap Press.

98. Kahneman, Daniel. 2006. *The Sad Tale of the Aspirational Treadmill*. In The World Question Center, edited by John Brockman. www.edge.org/q2008/q08_17.html#kahneman.

99. Karlan, Dean, and Jacob Appel. 2011. More than Good Intentions: Improving the Ways the Poor Borrow, Save, Learn, and Stay Healthy. New York: Plume.
Keynes, John Maynard. 1930. *Economic Possibilities for Our Grandchildren*. www.econ.yale.edu/smith/econ116a/keynes1.pdf.

100. Krugman, Paul, and Robin Wells. 2012. Microeconomics. 3rd ed. New York: Worth Publishers.

101. Lacetera, N., M. Macis, and R. Slonim. 2013. *Economic Rewards to Motivate Blood Donations*. Science 340: 927–928.

102. Landes, David. 1999. The Wealth and Poverty of Nations: Why Some Are So Rich and Some Are So Poor. New York: W. W. Norton and Co.

103. Lebergott, Stanley. 1981. *Thought the Blockade: The Profitability and Extent of Cotton Smuggling, 1861-1865*. The Journal of Economic History 41: 867–888.

104. Leeson, Peter. 2010. *Two Cheers for Capitalism?* Society 47: 227–233.

Lensink, R., and H. White. 2001. *Are There Negative Returns to Aid?* Journal of Development Studies 37: 42–65.

105. Levitt, Steven, and Stephen Dubner. 2008. Freakonomics. New York: William Morrow.

106. Liu, Chang-Jiang, Yue Zhang, and Fang Hao. 2017. *An Implicit Stereotype of the Rich and Its Relation to Psychological Connectedness*. Journal of Pacific Rim Psychology 11: e7.

107. Lyubomirsky, Sonja. 2010. *11 Hedonic Adaptation to Positive and Negative Experiences*. In The Oxford Handbook of Stress, Health, and Coping, 200–224. New York: Oxford University Press.

108. MacAskill, William. 2015. Doing Good Better. New York: Avery.

109. Maddison, Angus. 2003. Contours of the World Economy, 1–2030 AD: Essays in Macro-Economic History. New York: Oxford University Press.

110. Magness, Philip. 2018. *Classical Liberalism and the 'New' History of Capitalism*. In What Is Classical Liberal History, edited by Michael Douma and Phillip Magness, 17–38. Landham, MD: Lexington Books.

111. Mancini, Anthony D., George A. Bonanno, and Andrew E. Clark. 2011. *Stepping Off the Hedonic Treadmill*. Journal of Individual Differences 32: 144–152.

112. Mandeville, Bernard. 1988. The Fable of the Bees. Indianapolis: Liberty Fund.

113. Mankiw, N. Gregory. 2014. Principles of Economics. 7th ed. New York: Cengage Learning.

114. McCloskey, Deirdre. 1992. If You're so Smart. Chicago: University of Chicago Press.

115. McCloskey, Deirdre. 2006. The Bourgeois Virtues. Chicago: University of Chicago Press.

116. McCloskey, Deirdre. 2011. Bourgeois Dignity. Chicago: University of Chicago Press.

117. McDonald, Paul. 2009. *Those Who Forget Historiography Are Doomed to Republish It: Empire, Imperialism, and Contemporary Debates About American Power*. Review of International Studies 35: 45–67.

118. Meyer, David R. 1988. *The Industrial Retardation of Southern Cities, 1860—1880*. Explorations in Economic History 25 (4): 366–386.

119. Meyer, John R. 2017. The Economics of Slavery: And Other Studies in Econometric History. Routledge.

120. Milanovic, Branko. 2007. The Haves and the Have Nots. New York: Basic Books.

121. Mitchell, Terence R., and Amy E. Mickel. 1999. *The Meaning of Money: An Individual-Difference Perspective*. Academy of Management Review 24: 568–578.

122. Mochon, Daniel, Michael I. Norton, and Dan Ariely. 2008. *Getting Off the Hedonic Treadmill, One Step at a Time: The Impact of Regular Religious Practice and Exercise on Well-Being*. Journal of Economic Psychology 29: 632–642.

123. Moyo, Dambiso. 2009. Dead Aid: Why Aid Is Not Working and How There Is a Better Way for Africa. London: Farrar, Straus, and Giroux.

124. Murray, J. E., A. L. Olmstead, T. D. Logan, J. B. Pritchett, and P. L. Rousseau. 2015. *Roundtable: The Half Has Never Been Told: Slavery and the Making of American Capitalism. By Edward E. Baptist*. The Journal of Economic History 75 (3): 919–931.

125. Nord, Mark, Alisha Coleman-Jensen, Margaret Andrews, and Steven

Carlson. 2010. *Household Food Security in the United States, 2009.* U.S. Department of Agriculture, Economic Research Service Report No. 108, November.

126. Nordhaus, William. 2010. *Economic Aspects of Global Warming in a Post-Copenhagen Environment.* PNAS 107: 11721–11726.

127. Nordhaus, William. 2013. The Climate Casino. New Haven: Yale University Press.

128. North, Douglas. 1990. Institutions, Institutional Change, and Economic Performance. New York: Cambridge University Press.

129. North, Douglas, John Joseph Wallis, and Barry Weingast. 2012. Violence and Social Orders. Cambridge: Cambridge University Press.

130. Nunn, Nathan. 2008. *Slavery, Inequality, and Economic Development in the Americas.* Institutions and Economic Performance 15: 148–180.

131. O'Brien, Patrick. 1988. *The Costs and Benefits of British Imperialism, 1846–1914.* Past and Present 120: 163–200.

132. Offer, Avner. 1993. *The British Empire, 1870-1914: A Waste of Money?* Economic History Review 46: 215–238.

133. Olmstead, Alan, and Paul W. Rhode. 2018. *Cotton, Slavery, and the New History of Capitalism.* Explorations in Economic History 67: 1–17.

134. Ostrom, Elinor, ed. 2003. Trust and Reciprocity: Interdisciplinary Lessons from Experimental Research. New York: Russell Sage.

135. Piff, Paul K., et al. 2012. *Higher Social Class Predicts Increased Unethical Behavior.* Proceedings of the National Academy of Sciences 109: 4086–4091.

136. Pinker, Steven. 2002. The Blank Slate. New York: Penguin.

137. Pogge, Thomas. 2001. "Eradicating Systemic Poverty: Brief for a Global.

138. Resources Dividend." Journal of Human Development 2: 59–77.

139. Radin, Margaret Jane. 1989. *Justice and the Market Domain.* Nomos 31: 165–197.

140. Rahula, Bhikkhu Basnagoda. 2008. The Buddha's Teachings on Prosperity.

Wisdom Publications.

141. Rajan, Raghuram G., and Arvind Subramanian. 2008. *Aid and Growth: What Does the Cross-Country Evidence Really Show?* Review of Economics and Statistics 90: 643–665.

142. Ransom, Roger, and Richard Sutch. 1988. *Capitalists Without Capital: The Burden of Slavery and the Impact of Emancipation.* Agricultural History 62: 130–166.

143. Rathbone, Matthew. 2015. *Love, Money and Madness: Money in the Economic Philosophies of Adam Smith and Jean-Jacques Rousseau.* South African Journal of Philosophy 34: 379–389.

144. Renwick Monroe, Kristen. 2017.*Biology, Psychology, Ethics, and Politics: An Innate Moral Sense?* In On Human Nature, edited by Michael Tibayrenc and Francisco Ayala, 757–770. New York: Academic Press.

145. Renwick Monroe, Kristen, Adam Martin, and Priyanka Ghosh. 2009. *Politics and an Innate Moral Sense: Scientific Evidence for an Old Theory?* Political Research Quarterly 62: 614–634.

146. Ricardo, David. 1817. On the Principles of Political Economy and Taxation. London: John Murray.

147. Risse, Mathias. 2005. *Does the Global Order Harm the Poor?* Philosophy and Public Affairs 33: 349–376.

148. Roback, Jennifer. 1986. *The Political Economy of Segregation: The Case of Segregated Streetcars.* Journal of Economic History 56: 893–917.

149. Rodrik, Dani, Arvind Subramanian, and Francisco Trebbi. 2004. *Institutions Rule: The Primacy of Institutions Over Geography and Integration in Economic Development.* Journal of Economic Growth 9: 131–165.

150. Roland, Gérard. 2014. Development Economics. New York: Pearson.

151. Rousseau, Jean-Jacques. 1985. A Discourse on Inequality. Reprint ed. New York: Penguin.

152. Sacerdote, Bruce. 2019. *Fifty Years of Growth in American Consumption, Income, and Wages.* NBER Working Paper No. 23292. www.nber.org/papers/w23292.

153. Sandel, Michael. 2012. What Money Can't Buy. New York: Farrar, Straus, and Giroux.
154. Satz, Debra. 2010. Why Some Things Should Not Be for Sale. New York: Oxford University Press.
155. Schmidtz, David. 2006. Elements of Justice. New York: Cambridge University Press.
  Schmidtz, David. 2008. Person, Polis, Planet: Essays in Applied Philosophy. New York: Oxford University Press.
156. Schmidtz, David, and Jason Brennan. 2010. A Brief History of Liberty. Oxford: Wiley-Blackwell.
157. Schopenhauer, Arthur. 2004. The Wisdom of Life. Mineola: Dover Publications.
  Simler, Kevin, and Robin Hanson. 2019. The Elephant in the Brain. New York: Oxford University Press, 2018.
158. Singer, Peter. 1972. "Famine, Affluence, and Morality." Philosophy and Public Affairs 1: 229–243.
159. Singer, Peter. 2010. The Life You Can Save. New York: Random House.
160. Smith, Adam. 1904 [1776]. An Inquiry Into the Nature and Causes of the Wealth of Nations. London: Methuen and Co. www.econlib.org/library/Smith/smWN.html#.
161. Sokoloff, Kenneth L., and Stanley L. Engerman. 2000. *Institutions, Factor Endowments, and Paths of Development in the New World.* Journal of Economic Perspectives 14: 217–232.
162. Stern, Nicholas. 2007. The Economics of Climate Change: The Stern Review. New York: Cambridge University Press.
163. Stevenson, Betsey, and Justin Wolfers. 2008. *Economic Growth and Subjective Well-Being: Reassessing the Easterlin Paradox.* Brookings Papers on Economic Activity 39: 1–102.
164. Stevenson, Betsey, and Justin Wolfers. 2009. *The Paradox of Declining Female Happiness.* American Economic Journal 1: 190–255.
165. Surdam, D. G. 1998. *King Cotton: Monarch or Pretender? The State of the*

Market for Raw Cotton on the Eve of the American Civil War. Economic History Review 55: 113–132.

166. Sutch, Richard. 1965. *The Profitability of Ante Bellum Slavery-Revisited*. Southern Economic Journal 31 (April): 365–377.

167. Svorny, Shirley. 2004. *Licensing Doctors: Do Economists Agree?* Econ Journal Watch 1: 279–305.

168. Tetlock, Philip. 2000. *Coping with Trade-Offs: Psychological Constraints and Political Implications*. In Elements of Reason: Cognition, Choice, and the Bounds of Rationality, edited by Arthur Lupia, Matthrew D. McCubbins, and Samuel L. Popkin. New York: Cambridge University Press.

169. Tosi, Justin, and Brandon Warmke. 2020. Moral Grandstanding. New York: Oxford University Press.

170. Unger, Peter. 1996. Living High and Letting Die. Oxford University Press.

171. United Nations, Department of Economic and Social Affairs, Population Division. 2015. *World Population Prospects: The 2015 Revision, Key Findings and Advance Tables*. Working Paper No. ESA/P/WP.241.

172. van der Vossen, Bas, and Jason Brennan. 2018. In Defense of Openness. New York: Oxford University Press.

173. Von Neumann, John, and Oskar Morgenstern. 1944. Theory of Games and Economic Behavior. Princeton: Princeton University Press.

174. Weil, David. 2013. Economic Growth. 3rd ed. New York: Pearson.

175. Whaples, R. 1995. *Where Is There Consensus Among American Economic Historians? The Results of a Survey on Forty Propositions*. The Journal of Economic History 55: 139–154.

176. Whillans, Ashley, Elizabeth Dunn, Paul Smeets, Rene Bekkers, and Michael Norton. 2017. *Buying Time Promotes Happiness*. PNAS 32: 8523–8527.

177. Wright, Gavin. 2006. Slavery and American Economic Development. Baton Rouge: LSU Press.

178. Wright, Robert. 2017. The Poverty of Slavery. New York: Palgrave MacMillan.

179. Wu, Stephen. 2001. *Adapting to Heart Conditions: A Test of the Hedonic*

Treadmill. Journal of Health Economics 20: 495–507.
180. Zak, Paul, and Stephen Knack. 2001. *Trust and Growth.* Economic Journal 111: 295–321.
181. Zelizer, Viviana. 1981. *The Price and Value of Children: The Case of Children's Insurance.* American Journal of Sociology 86: 1036–1056.
182. Zelizer, Viviana. 1989. *The Social Meaning of Money: "Special Moneys".* American Journal of Sociology 95: 342–377.
183. Zelizer, Viviana. 1994. Pricing the Priceless Child: The Changing Social Value of Children. New York: Princeton University Press.
184. Zelizer, Viviana. 1997. The Social Meaning of Money. Princeton: Princeton University Press.
185. Zelizer, Viviana. 2007. The Purchase of Intimacy. Princeton: Princeton University Press.
186. Zelizer, Viviana. 2013. Economic Lives: How Culture Shapes the Economy. Princeton: Princeton University Press.